大本神諭と天理教神諭

出口王仁三郎

出口王仁三郎聖師

神素盞鳴大神に扮する出口聖師（S8・10・22 於天恩郷智照館）

豊雲野尊に扮する出口聖師（S8・10・22 於天恩郷智照館）

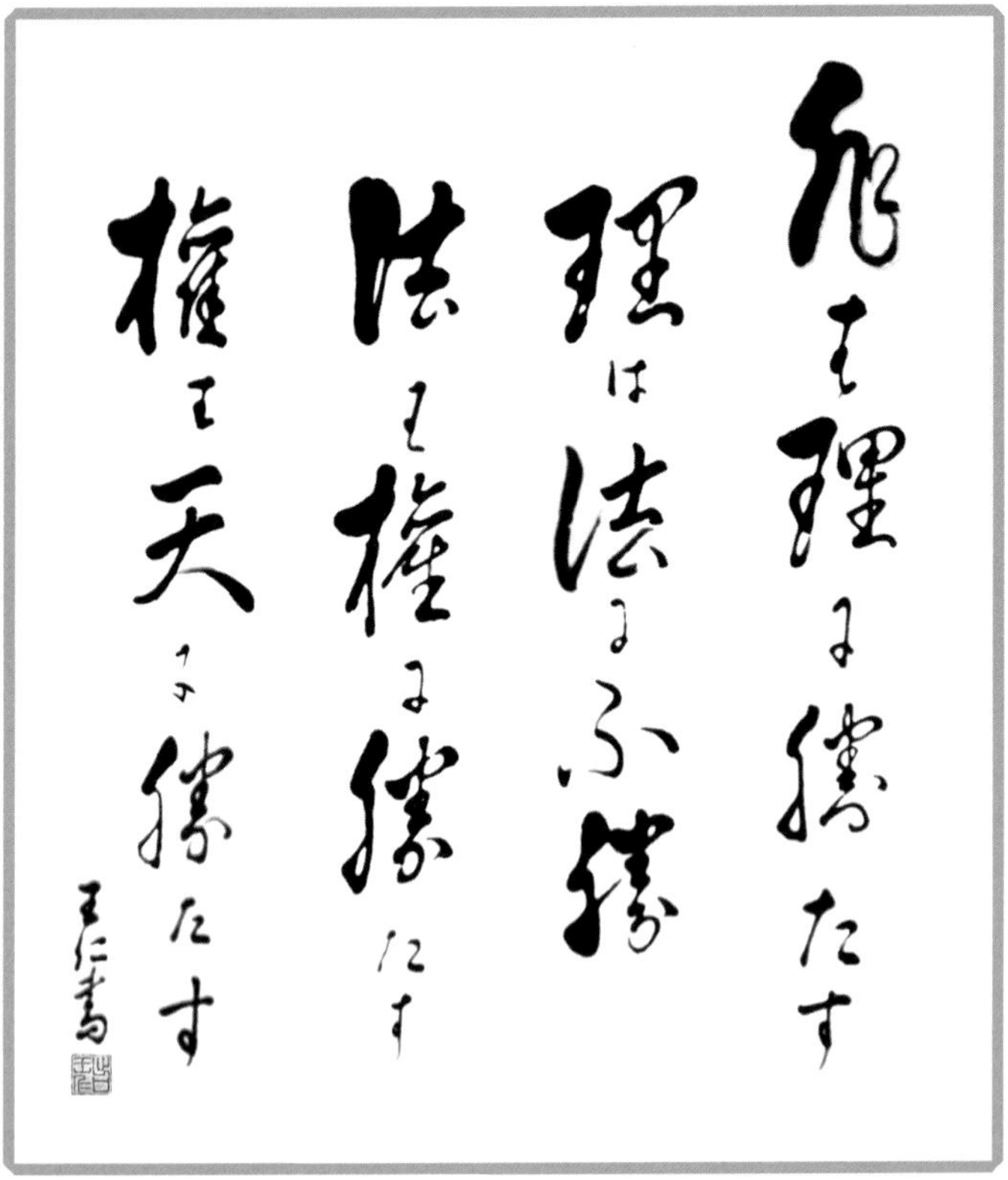

非は理に勝たず
理は法に不勝
法は権に勝たず
権は天に勝たず
王仁書

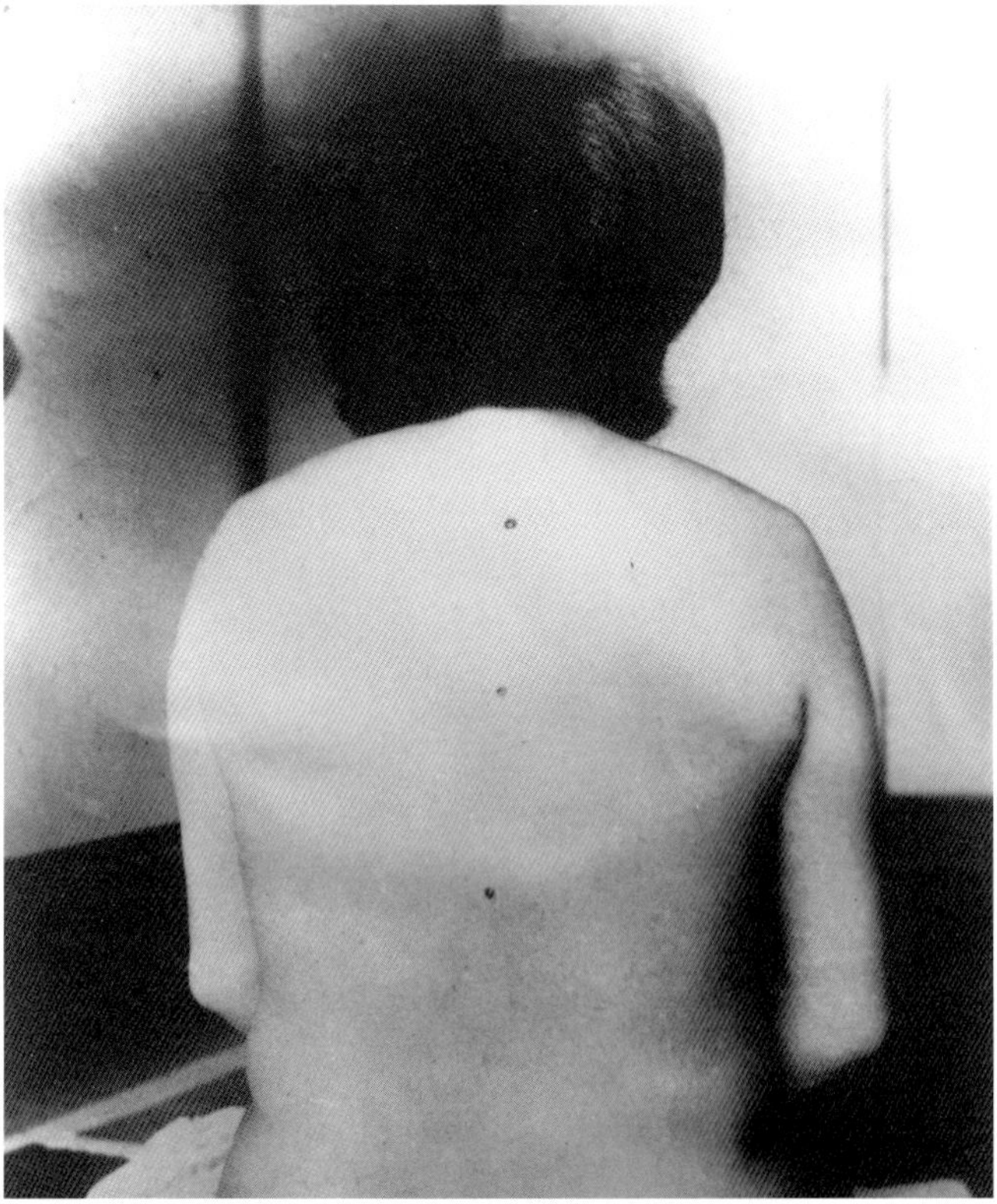

オリオン

盧占魁《ろせんかい》は、支那にて有名な観相学者に古来伝説にある救世主の資格の有無を調べさせた結果、骨格、容貌、目、口、鼻、耳の形、胸のまわり、手足の長短、指の節々、指紋等、いわゆる三十三相を具備した天来の救世主と断定した。更に掌中に現れたキリストが十字架上に於ける釘の聖痕、背に印せるオリオン星座の形をなせる黒子等をみて非常に驚嘆した。

国祖　大国常立尊に扮する出口聖師
（S8・10・22 於天恩郷智照館）

如意輪の塔を頭に御手に玉もたせ給ふはみろくの尊像

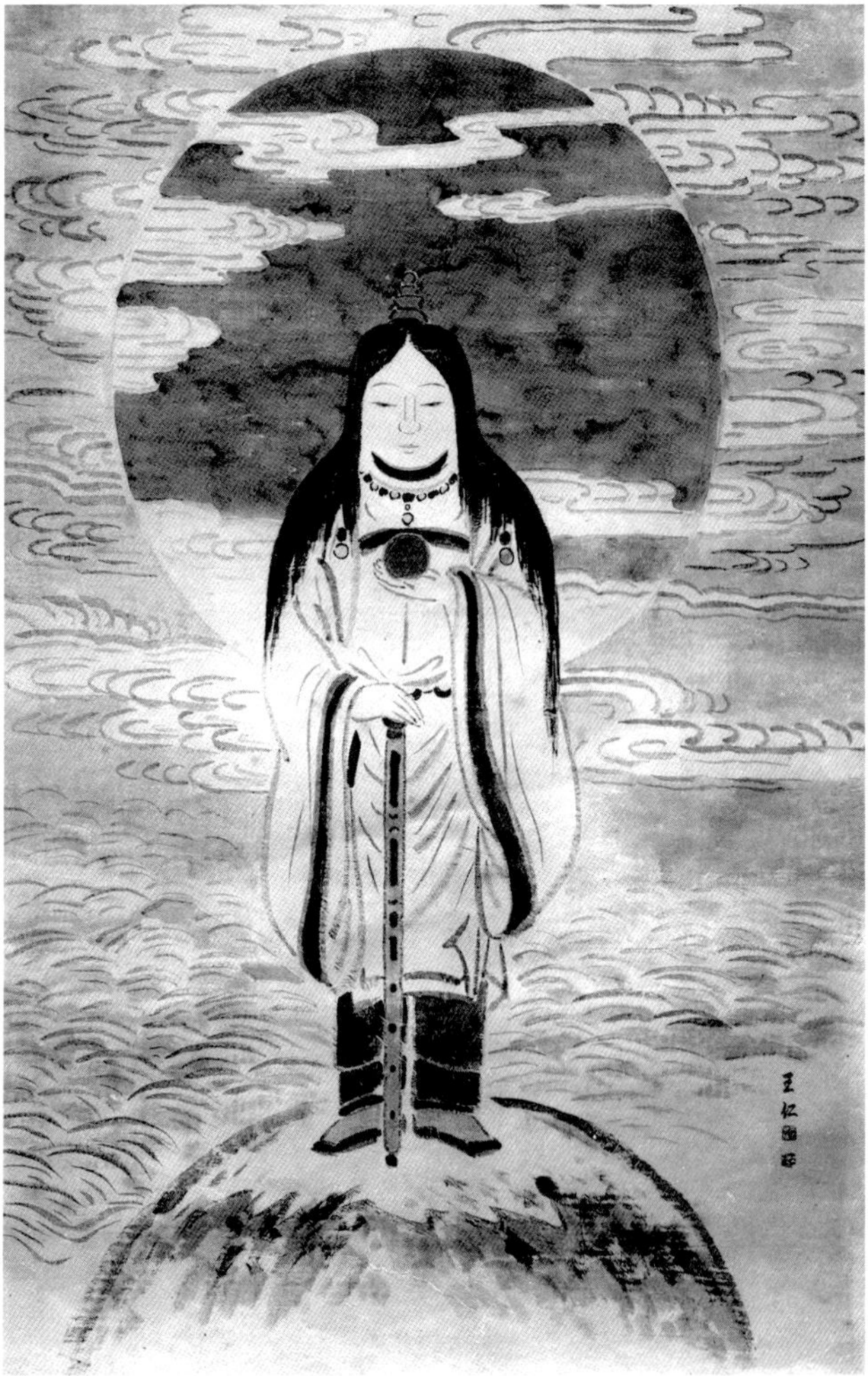

天降　天照皇大神聖像

弥勒大神が神器を頂いて大地球に天降り給う御姿。真言密教では「大日如来」、神仏習合の両部神道では「雨宝童子」、神界では「日の出神」と尊称する。

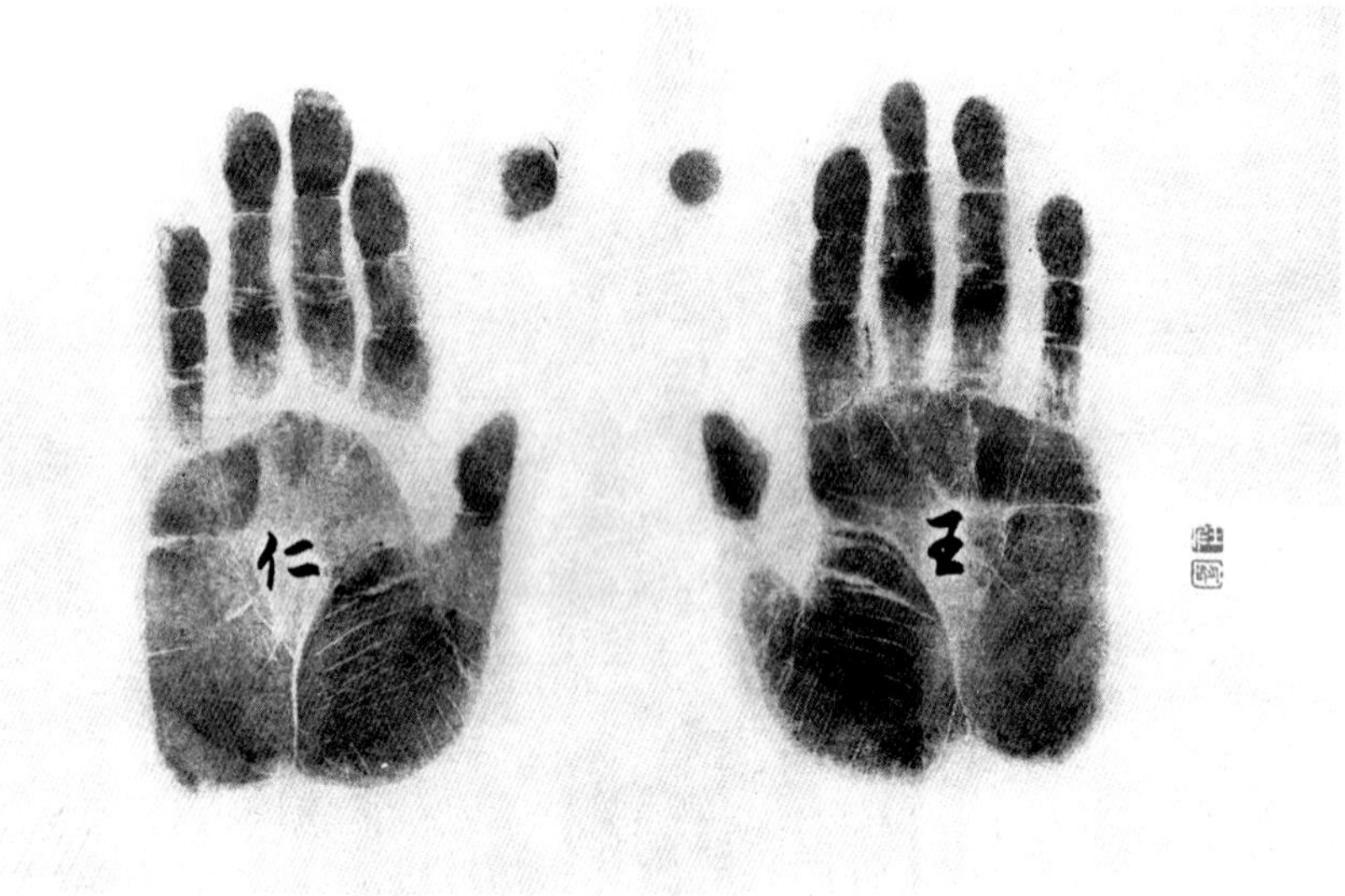

出口聖師手形

○観世音最勝妙智大如来　救世の為に達《だあ》頼《らい》と化《け》現《げん》す

○掌中に五大天紋皆流紋　固く握りて降る救世主

○基督の聖痕までも手に印し　天降りたる救《ぐ》世《ぜ》の活仏

まえがき

国祖・国常立尊は、「霊・力・体」の根元神である造化三神（＝天之御中主大神・高皇産霊神大神・神皇産霊神大神。）から霊系の祖としてお生れになり、主神の命によりこの地球の草創期を修理固成され、大地の主宰神に任じられる。しかしその性、厳格なる支配（戒律）により、民衆から隠退を迫られ、やむなく主神は、艮の国日本へ三千年間退去を命ぜられる。

再度出現するまでの艮の金神・国常立尊（＝塩土老翁・仏教では不動明王・キリスト教ではヨハネに相応する。）は影からの守護として、山岳宗教の祖師・役の行者（＝役小角、賀茂一族のちの高賀茂朝臣、現在の奈良県御所市の出身、葛城山で修行。）となり、また真言宗高野山の祖師・空海（＝弘法大師、四国八十八ケ所霊場を開く。）として生まれ変わり、厳しい修行をしながら弥勒下生を祈られる。

この飛鳥奈良時代から平安鎌倉時代にかけて栄えた山岳宗教は、「神仏習合」「本地垂跡」して両部神道（修験道）となり吉野山の金峰山、大峰山、熊野三山、金剛、葛城山、北は出羽三山、蔵王山、富士山、箱根山、御嶽山、愛宕山、伯耆大山、石槌山、英彦山など全国各地に霊山が開かれる。平安時代には唐で修業した空海や天台宗の開祖・最澄（伝教大師）に影響を与え、以後各宗派が誕生され大隆盛を博する。

幕藩体制から明治大正昭和にかけての大変革期、各地に新興宗教の神柱が現れ天理・金光・黒住・妙霊教会が出現し神命の改革を訴える。最後に艮の金神が大本開祖・出口なおに帰神され「立替立直し」を宣言し、弥勒の世になるために「地震雷火の雨降らしてトドメを挿す」と『神諭』で警告し、救世主出現（火の洗礼）のための基礎を造られる。

大本開祖出口なお（天保7年12月16日〜大正7年11月6日　83歳）の使命については本書の第五編に一部を掲載した。その他『霊界物語』に登場する出口開祖の精霊、稚姫君命・稚桜姫命それに国照姫の活動は本書では省略している。その他開祖の歴史は既刊の『大地の母』全十二巻（みいづ舎刊）を参照下さい。

天理教は大和国山辺郡庄屋敷村（現在の奈良県天理市）の庄屋中山善平衛の妻中山みき（寛政19年4月18日〜明治20年2月18日・旧正月26日　90歳）が、天保九（1838）年十月二十六日国常立尊が「天の将軍」の御名で神懸りされ、「天理王命」（元の神・実の神・月日の神、）の「社」として中山家を貰い受けてより、「たすけ一条」「陽気ぐらしの教理」を主旨とする天啓の宗教を開教する。

神書は、中山みき教祖による直筆の『おふでさき』（『おさしづ』）（明治2年〜14年4月、他）は、全十七号、一千七百十一首の神示の歌が集録され、天理教の主典となっている。

この『おふでさき』以外に『みかぐらうた』（『こふき』明治24年〜40年にいたる）と称されるものがある。これは側近の取次者が教祖（或いは神）に伺ったことを筆録されたもので、「扇の伺い」ともいわれる。この記録を「古い記録」「古記《こふき》」「口記《こふき》」という文字が使われ、「口記《こふき》」が適当ではないかとされている。

これらが天理教教義の骨子をなしており、現在『おふでさき』、『天理教教典』、『元の理を掘る』など多数が「天理教道友社」から出版されている。

大本が「皇道大本」の時代、出口聖師は、天理教の中山みき教祖（天理教では祖《おや》さまと尊称する）を、当時の封建社会から民衆を救い導き、弥勒の神業にさきがけ奉仕される〝聖人〟として賛美されている。

（一）『神霊界』大正七年五月十五日号・六月一日号・十五日号では「大本神諭と天理

神諭」と題して両教の『神諭』を三回にわたり選択掲載され、本書はこの全文と大正九年十一月十日大本新聞社発行の『天理教祖の筆先と大本神諭』を掲載した。

（二）大正十四年二月二十日、京都府綾部市の天神馬場（JR綾部駅の東約100メートル《トル》、現在の天満宮境内近く）に「二聖殿」を建立し、出口なお開祖と中山みき教祖の二柱を鎮祭し偉業を称えておられたが、現在はありません。

この「二聖殿」は、元天理教教会があり、「馬場の大杉」という大きな杉の木があった。そこへ出口開祖も行かれて神様とよく話をされていたとか。この大杉が汚れたため枯れてしまい、大杉に憑いていた神々が大本境内の榎の木に移られたという。その跡地を出口聖師が買い取られて建立し命名されたと伝えられる。

（三）出口聖師口述の『霊界物語』（第十六、十九、二十二〜二十四、二十六、二十七、三十二、五十一巻）の中で、神素盞嗚大神の弥勒神業に大きな功績を残された「玉野姫」は、天理教の中山みき教祖であると口伝される。

この物語は三十五万年前、丹波村に生れた「おせつ」が、神素盞鳴大神の使者から玉野姫という神名を頂かれて大神業に参加される。

第二十二巻は、みろく大神の因縁が説かれ、弥勒出世に必要不可欠な神宝を神命により、兵庫県高砂沖合の「神島」に埋蔵に行かれる。この神宝は稚姫君命（出口開祖の精霊）の御霊の裔なる初稚姫が「金剛不壊の如意宝玉」を、言依別が「黄金の玉」（経済。）を、国直姫の御霊の裔なる玉野姫が「紫の玉」（最後の審判書、御教。）を御用されこれを合わせて「三つの珠」といい、神界では「三種の神宝」「瑞の御霊」と称される。

この珠の納まる国は豊葦原の瑞穂の国（世界）を統一すべき神権が惟神に備わり、有形にして無形、無形にして有形、無声にして有声、有声にして無声なる神変不可思議の神宝で、凡眼をもって見ること能わず、世の中を自由自在にする神徳をもつ宝玉で、主神の御神力・御神権を表現した無形の珠と説明される。

また玉野姫は、生田の森（兵庫県生田神社）に留まり、若桜姫命（稚姫岐美命）の神霊を祀り、弥勒神政の魁を勤められる。その後和歌山の玉津島に移り、宮殿を造り夫の国玉彦（青彦から若彦となり、若彦が後に賜った神名。日本全国を巡歴、神命により玉野姫と結婚する。）と共に稚姫岐美尊を奉斎し木の国（紀州）一円に御教を宣布され伊勢、志摩、尾張、大和，和泉方面に拡充されて行く。

○第一編「皇道大本神諭と天理教神諭」は、大本の『神諭』と天理教の『おふでさき』の類似点を掲載する。

○第二編『天理教祖の筆先と大本神諭』は、前編に続くもので全文を掲載した。

○第三編「弥勒大神の因縁と天理教〝こふき〟」は、出口聖師が示す神代のみろく神の因縁と、天理教の文献「こふき」を掲載した。

○第四編「大和紀行・龍門開き」は、出口聖師が大正九年五月に信徒を引率して神業を遂行された記録を掲載した。吉野龍門岳の頂上高鉾神社において、弥勒出世の神業に大和国はじめ日本国中の諸龍神、諸神仏に弥勒出現の活動を宣言され、途中「如意宝珠」の玉を持ち帰られることが記録されている。この「大和紀行」の歌の中には巡教途中の地名、名所、旧跡、参加者・奉仕者・送迎者の姓名詠込歌の一部、「ヨハネとキリスト」、「厳霊と瑞霊」、そして「神素盞嗚大神」（弥勒大神・転輪王）の神格が厳然と示され、出口聖師の大きさを窺い知ることが出来る。

○第五編「霊主体従の世界へ」は、今までの厳霊・国常立尊の神業がみろくの世では、瑞霊・神素盞嗚大神へと移行され、世界の民衆、禽獣虫魚に至るまで救われることが

『霊界物語』に示される。しかし瑞霊が昇天された後、世の中は乱れて収拾がつかなくなってしまうのだが……。

『宗教年鑑』（平成二十五年、文化庁編）によると神道、仏教、キリスト教、イスラム教、そして諸教（天理教を含む）など多種多様の宗教文化が日本に混在し、一八二、二○○の法人があると記され、それぞれの宗教には、それぞれの教や精神性がある。出口聖師は「神・儒・仏・耶、諸教の同根」として宗教は天地の真理を明らかにし、お互いに教を相教誨《あいきょうかい》し、戦争のない世界平和に尽す使命があると示される。

平成二十七年七月二十二日

みいづ舎編集

もくじ

第二編　天理教祖の筆先と大本神神諭

天理教祖の筆先と大本神

第一編　皇道大本と天理教

第一章　神諭　明治二十五年正月（『神霊界』大正六年四月号掲載）

○三千世界《せかい》一同《どう》に開《ひら》く梅《うめ》の花《はな》、艮《うしとら》の金神《こんじん》の世《よ》に成《な》りたぞよ。梅《うめ》で開《ひら》いて松《まつ》で治《おさ》める、神国《しんこく》の世《よ》になりたぞよ。日本《にほん》は神道《しんどう》、神《かみ》が構《かま》はな行《ゆ》けぬ国《くに》であるぞよ。外国《がいこく》は獣類《けもの》の世《よ》、強《つよ》いもの勝《が》ちの、悪魔《あくま》ばかりの国《くに》であるぞよ。日本《にほん》も獣《けもの》の世《よ》になりて居《お》るぞよ。外国人《がいこくじん》にばかされて、尻《しり》の毛《け》まで抜《ぬ》かれて居《お》りても、未《ま》だ眼《め》が覚《さ》めん暗《くら》がりの世《よ》に成《な》りておるぞよ。是《これ》では立《た》ちて行《ゆ》かんから、神《かみ》が表《おもて》に現《あら》はれて、三千世界《せかい》の立《た》替《か》へ立直《たてなお》しを致《いた》すぞよ。用意《ようい》を成《な》されよ。この世《よ》は全然《さっぱり》、新《さら》つの世《よ》に替《か》えて了《しま》ふぞよ。三千世界《せかい》の大洗濯《おおせんたく》、大掃除《おおそうじ》を致《いた》して、天下泰平《てんかたいへい》に世《よ》を治《おさ》めて、万古末代《まんこまつだい》続《つづ》く神国《しんこく》の世《よ》に致《いた》すぞよ。神《かみ》の申《もう》した事《こと》は、一分《ぶ》一厘違《りんちが》はんぞよ。毛筋《けすじ》の横巾《よこはば》ほども間違《まちが》いは無《な》いぞよ。これが違《ちご》ふたら、神《かみ》は此《こ》の世《よ》に居《お》らんぞよ。

○『東京《とうきょう》で仕組《しぐみ》を駿河《するが》美濃《みの》尾張《おわり》大和《やまと》玉芝国々《たましばくにぐに》に、神《かみ》の柱《はしら》を配《くば》り岡山《おかやま》』天理《てんり》、金光《こんこう》、黒住《くろずみ》、妙霊《みょうれい》、先走《さきばし》り、とどめに艮《うしとら》の金神《こんじん》が現《あら》はれて、世《よ》の立替《たてかえ》を致《いた》すぞよ。世《よ》の立替《たてかえ》のあるといふ事《こと》は、何《どこ》の神柱《かむばしら》にも判《わか》りて居《お》れど、何《ど》うしたら立替《たてかえ》が出来《でき》るといふ事《こと》は、判《わか》りて居《お》りて居《お》らんぞよ。九分《ぶ》九厘《りん》までは知《し》らしてあるが、モウ一厘《りん》の肝心《かんじん》の事《こと》は、判《わか》りて居《お》らんぞよ。三千世界《せかい》の事《こと》は、何《なに》一つ判《わか》らん事《こと》の無《な》い神《かみ》であるから、淋《さび》しく成《な》りたら、綾部《あやべ》の大本《おほもと》へ出《で》て参《まい》りて、お話《はなし》を聞《き》かして頂《いただ》けば、何《なに》も彼《か》も世界《せかい》一目《め》に見《み》える、神徳《しんとく》を授《さず》けるぞよ。

○加美《かみ》となれば、スミ〴〵までも、気《き》を附《つ》けるが加美《かみ》の役《やく》。上《うえ》ばかり好《よ》くても行《ゆ》けぬ、上下揃《うえしたそろ》はねば世《よ》は治《おさ》まらんぞよ。洋服《ようふく》では治《おさ》まらん、上下揃《うえしたそろ》へて人民《じんみん》を安心《あんしん》させて、末代潰《まつだいつぶ》れぬ神国《しんこく》の世《よ》に致《いた》すぞよ。用意《ようい》を為《な》されよ。脚下《あしもと》から鳥《とり》がたつぞよ。それが日本《にほん》をねらふて居《お》る国鳥《くにとり》であるぞよ。◯◯◯（＝てんし）までも自由《じゆう》に致《いた》して、神《かみ》は残《ざん》念《ねん》なぞよ。日本《にほん》の人民《じんみん》、盲目《めくら》聾《つんぼ》ばかり、神《かみ》が見《み》て居《お》れば、井戸《いど》の端《はた》に、茶碗《ちゃわん》を置《お》いた如《ごと》く、危《あぶの》ふて見《み》て居《お》れんぞよ。国人《くにびと》よ、今《いま》に艮《うしとら》の金神《こんじん》が、返報返《しかえ》しを致《いた》すぞよ。

◯根《ね》に葉《は》の出《で》るは虎耳草《ゆきのした》、上《うえ》も下《した》も花咲《はなさ》かねば、此世《このよ》は治《おさ》まらぬ。上《うえ》ばかり好《よ》くても行《ゆ》けぬ世《よ》。下《した》ばかり宜《よろ》しくても此世《このよ》は治《おさ》まらぬぞよ。

◯てん◯◯（＝しは）綾部《あやべ》に仕組《しぐみ》が致《いた》してあるぞよ。◯◯◯、◯◯◯（＝てんし、てんか）を拵《こし》らへて、元《もと》の昔《むかし》に返《かえ》すぞよ。洋服《ようふく》を着《き》てウロツク様《よう》な事《こと》では、日本《にほん》の国《くに》は治《おさ》まらんぞよ。国会開《こっかいびら》きは、人民《じんみん》が何時《いつ》までかゝりても開《ひら》けんぞよ。神《かみ》が開《ひら》かな、ひらけんぞよ。開《ひら》いて見《み》せう。東京《とうきょう》は元《もと》の薄野《うすの》に成《な》るぞよ。永久《なごう》は続《つづ》かんぞよ。東《あずま》の国《くに》は、一晴《ひとは》れの後《あと》は暗《くら》がり。これに気《き》の附《つ》く人民《じんみん》はないぞよ。神《かみ》は急《せ》けるぞよ。此世《このよ》の鬼《おに》を往生《おうじょう》さして、外国《がいこく》を、地震《じしん》雷《かみなり》火《ひ》の雨降《あめふ》らして、〇〇〇（＝たやさ）ねば、世界《せかい》は神国《しんこく》にならんから、昔《むかし》の大本《おほもと》からの神《かみ》の仕組《しぐみ》が、成就致《じょうじゅいた》す時節《じせつ》が廻《まわ》りて来《き》たから、苦労《くろう》はあれどバタバタと埒《らち》を付《つ》けるぞよ。判《わか》りた守護神《しゅごじん》は、一人《にん》なりと早《はや》く、大本《おほもと》へ出《で》て参《まい》りて、神国《しんこく》の御用《ごよう》を致《いた》して下《くだ》されよ。さる代《かわ》りに、勤《つと》め上《あが》りたら、万古末代《まんこまつだい》、名《な》の残《のこ》る事《こと》であるから、神《かみ》から結構《けっこう》に御礼申《おれいもう》すぞよ。世界中《せかいじゅう》の事《こと》であるから、何程智慧《なにほどちえ》や学《がく》がありても、人民《じんみん》では判《わか》らん事《こと》であるぞよ。此《こ》の仕組判《しぐみわか》りては成《な》らず、判《わか》らねば成《な》らず判《わか》らぬので、改心《かいしん》が出来《でき》ず、世《よ》の立替《たてか》への、末代《まつだい》に一度《ど》の仕組《しぐみ》であるから、全然《さっぱり》、学《がく》や智慧《ちえ》を捨《す》てゝ了《しも》ふて、生《うま》れ赤児《あかご》の心《こころ》に立返《たちかえ》らんと、見当《けんとう》が取《と》れん、六ケ《むつか》敷仕組《しいしぐみ》であるぞよ。今迄《いままで》の腹《はら》の中《なか》の、ごもくをさっぱり、投《ほ》り出《だ》して了《しま》はんと、今《こん》度《ど》の実地《じっち》まことは、分《わか》りかけが致《いた》さん、大望《たいもう》な仕組《しぐみ》であるぞよ。

○氏神様《うじがみさま》の庭《にわ》の白藤《しらふじ》、梅《うめ》と桜《さくら》は、出口直《でぐちなお》の御礼《おれい》の庭木《にわき》に、植《うえ》さしたので在《あ》るぞよ。白藤《しらふじ》が栄《さか》えば、綾部宜《あやべよろ》しくなりて末《すえ》で都《みやこ》と致《いた》すぞよ。福知山《ふくちやま》、舞鶴《まいづる》は外囲《そとがこ》ひ。十里《り》四方《ほう》は宮《みや》の内《うち》。綾部《あやべ》はまん中《なか》になりて、金輪王《こんりんおう》で世《よ》を治《おさ》めるぞよ。綾部《あやべ》は結構《けっこう》な処《ところ》、昔《むかし》から神《かみ》が隠《かく》して置《お》いた、世《よ》の立替《たてかえ》の、真誠《まこと》の仕組《しぐみ》の地場《じば》であるぞよ。

○世界国々所々《せかいくにぐにところどころ》に、世《よ》の立替《たてか》へを知《し》らす神柱《かむばしら》は、沢山現《たっぴつあら》はれるぞよ。皆良《みなうしとら》の金神国《こんじんくに》常立尊《とこたちのみこと》の仕組《しぐみ》で、世界《せかい》へ知《し》らして在《あ》るぞよ。大方行《おおかたゆ》き渡《わた》りた時分《じぶん》に、綾部《あやべ》へ諸国《しょこく》の神《かみ》、守護神《しゅごじん》を集《あつ》めて、それ〴〵の御用《ごよう》を申付《もうしつ》ける、尊《とうと》い世《よ》の根《ね》の世《よ》の本《もと》の、龍門館《りゅうもんやかた》の高天原《たかあまはら》であるから、何《なに》を致《いた》しても、綾部《あやべ》の大本《おほもと》の許《ゆる》しの無《な》き事《こと》は、九分《ぶ》九厘《りん》で転《ひっくり》覆《かえ》るぞよ。皆神《みなかみ》の仕組《しぐみ》であるから、我《われ》が我《われ》がと思《おも》ふて致《いた》して居《お》るが、皆良《みなうしとら》の金神《こんじん》が、化《ばか》して使《つこ》ふて居《お》るのであるぞよ。此《こ》の神《かみ》は、独《ひと》り手柄《てがら》をして喜《よろこ》ぶやうな神《かみ》で無《な》いぞよ。大本《おほもと》の仕組《しぐみ》の判《わか》る守護神《しゅごじん》でありたら、互《たがい》に手《て》を曳《ひ》き合《お》ふて世《よ》の本《もと》の立替立直《たてかえたてなお》しを致《いた》すから、是《これ》までの心《こころ》を入替《いれか》へて、大本《おほもと》へ来《き》て肝心《かんじん》の事《こと》を聞《き》いて、御用《ごよう》を勤《つと》めて下《くだ》されよ。三千世界《せかい》の神々様《かみがみさま》、守護神殿《しゅごじんどの》に気《き》を附《つ》けますぞよ。谷々《たにだに》の小川《おがわ》の水《みず》も、大河《おおかわ》へ末《すえ》で一つに為《な》る仕組《しぐ》み。綾部《あやべ》世界《せかい》の本《もと》。誠《まこと》の神《かみ》の住《すま》いどころ。

○からと日本《にほん》の戦《たたか》いがあるぞよ。此《この》いくさは勝《か》ち軍《いくさ》、神《かみ》が陰《かげ》から、仕組《しぐみ》が致《いた》してあるぞよ。神《かみ》が表《おもて》に現《あら》はれて、日本《にほん》へ手柄致《てがらいた》さすぞよ。露国《ろこく》から始《はじ》まりて、モウ一と戦《いくさ》があるぞよ。あとは世界《せかい》の大《おお》たゝかいで、是《ここ》から段々判《だんだんわか》りて来《く》るぞよ。日本《にほん》は神国《しんこく》、世界《せかい》を一つに丸《まる》めて、一つの王《おう》で治《おさ》めるぞよ。そこへ成《な》る迄《まで》には、中々骨《なかなかほね》が折《お》れるなれど、三千年余《ねんあま》りての仕組《しぐみ》であるから、日本《にほん》の上《うえ》に立《た》ちて居《お》れる守護人《しゅごじん》に、チット判《わか》りかけたら、神《かみ》が力《ちから》を附《つ》けるから、大丈夫《だいじょうぶ》であるぞよ。世界《せかい》の大峠《おおとうげ》を越《こ》すのは、神《かみ》の申《もう》す様《よう》に、素直《すなお》に致《いた》して、何《ど》んな苦労《くろう》も致《いた》す人民《じんみん》でないと、世界《せかい》の物事《ものごと》は成就《じょうじゅ》いたさんぞよ。神《かみ》はくどう気《き》を附《つ》けるぞよ。此事《このこと》判《わ》ける御魂《みたま》は、東《ひがし》から出《で》て来《く》るぞよ。此御方《このおんかた》が御出《おで》になりたら、全然《さっぱり》日《ひ》の出《で》の守護《しゅご》と成《な》るから、世界中《せかいじゅう》に神徳《しんとく》が光《ひか》り輝《かがや》く神世《かみよ》になるぞよ。大将《たいしょう》を綾部《あやべ》の高天原《たかあまはら》の龍門館《りゅうもんやかた》に、○○（＝かく）さんならん事《こと》が出《で》て来《く》るぞよ。中々大事業《なかなかたいもう》であれども、昔《むかし》からの生神《いきがみ》の仕組《しぐみ》であるから、別状《べつじょう》は無《な》いぞよ。

○一旦《たん》たゝかい治《おさ》まりても、後《あと》の悶着《もんちゃく》は中々治《なかなかおさ》まらんぞよ。神《かみ》が表《おもて》に現《あら》はれて、神《かみ》と学《がく》との力競《ちからくら》べを致《いた》すぞよ。学《がく》の世《よ》はモウ済《す》みたぞよ。神《かみ》には勝《か》てんぞよ。

—【附言】大本開祖・出口なおは、明治二十六（1893）年から昇天する大正七（1918）—

年までの二十七年間半紙十万枚以上の「お筆先」を書かれる。この「お筆先」は自動書記的にひらがなで書かれ句読点もない。内容は神の経綸、神々の因縁、大本出現の由来と使命、神と人との関係、日本民族の使命、予言、警告、役員信者個々の人々に対する忠告、人生の記録などが記される。この「お筆先」に、出口聖師が、漢字をあて、行を整え、句読点をつけ読み易くしたものを『大本神諭』といい、大本教団ではこれを『霊界物語』と共に二大教典とするが、「お筆先」は教典とはされていない。

明治二十五年正月のこの『神諭』は、開祖が叫んでいたのであろう神の言葉を出口聖師が文章化したものと思われるが、出口聖師の意志が大きく含まれている。

○日清・日露・第一次、第二次世界大戦、世界の大峠ハルマゲドンの戦（ハルは日本の意。）に向かう予言、警告であるが、「東京で仕組を駿河美濃尾張……」と謎めいた文章がある。「東京の仕組」とは、「当時の東條内閣が世界をとる仕組をしていたから神罰があたり大地震（戦争末期、昭和十九年十二月七日の東南海大地震・マグニチュード8.0）が起きた。美濃尾張りとはこの事である。王仁が地震を鎮魂しなければ日本は、沈没するところであった。」

（『新月のかげ』「東京で仕組を駿河美濃尾張（日本沈没）」、昭和19年12月12日を略記。）

○この『神諭』の中心は艮の金神が三千世界の立替立直しを宣言され、「天理、金光、黒住、妙霊先走り、とどめに艮の金神が現はれて……」と、宗教は主神の命により時処位に応じて出現され、大峠の後、みろくの世が来るという共通点がある。しかし、一般には本当のみろくの世とは、どの様な国の制度、国体、国柄、社会建設の意味なのか、経《たて》の教えだけでは判らない。

○皇道大本では出口なお昇天後の大正七年十一月六日をもって艮の金神・国常立尊の経の神業が、瑞の御魂・伊都能売の大神・言霊学上神素盞嗚大神に移行され、政治・経済・教育・芸術・宗教「死神死仏を葬りて、甦らすは弥勒神」、神仏を更生し、人間が生きるための天授の教、『霊界物語』を口述、天理を開示し宗教統一、諸教の同根思想等が説かれ五大洲に宣伝される。

（注・スサノオ神が動くと大地がどよめいたという故事は、社会が驚天動地したという意味であり、日本沈没とは、日本の国が大変革されるという意味、事実大日本帝国は地震雷火の雨によって沈没した。しかし、この予言には続きがあるといわれている。）

第二章　大本神諭と天理教神諭

（『神霊界』大正七年五月十五日発行）

皇道大本《こうどうおほもと》の開祖出口直子刀自《かいそでぐちなおことじ》は、明治《めいじ》二十五年正月《ねんしょうがつ》から今《いま》に至《いた》るまで二十七年間引《ねんかんひき》続《つづ》き神命《しんめい》を奉《ほう》じて、日々夜々《にちにちやや》に筆先《ふでさき》を書《か》いて世界《せかい》へ警告《けいこく》しておられますが、今《いま》や冊数積《さっすうつ》んで一万《まん》に達《たっ》しております。また天理教祖《てんりきょうそ》・中山《なかやま》ミキ子刀自《ことじ》は、明治《めいじ》二年《ねん》から同《どう》十四年《ねん》までの間《あいだ》、即《すなわ》ち十三年《ねん》に渡《わた》りて『神諭《ふでさき》』を出《だ》されてありますが、大本開祖《おほもとかいそ》の『神諭《ふでさき》』は大部分《だいぶぶん》が散文《さんぶん》で婦女子《おんな》にも子供《こども》にも判《わか》るようにしてありますが、天理教祖《てんりきょうそ》の『神諭《ふでさき》』は残《のこ》らず韻文体《いんぶんたい》に誌《しる》されてありますから、容易《ようい》にその真相《こころ》を捕捉《とらえ》ることが困難《こんなん》であります。

私《わたくし》は大本開祖《おほもとかいそ》二十七年間《ねんかん》の『神諭《ふでさき》』の中《なか》から抜粋《ぬきざ》して、今度《こんど》「天理教同志会《てんりきょうどうしかい》」の編集《へんしゅう》に関《かか》る『御筆先分類研究《おふでさきぶんるいけんきゅう》』と相酷似《あいこくじ》せる点《てん》のみを年月順次《としつきじゅんじ》によらず、ここに選《よ》り出《だ》して両教研究者《りょうきょうけんきゅうしゃ》の便《べん》に供《きょう》し、一はもって神界《しんかい》の深《ふか》き御経綸《おしぐみ》を発表《はっぴょう》することに致《いた》しました。
今後《こんご》引続《ひきつづ》き相対照《あいたいしょう》して毎号《まいごう》記載《きさい》する事《こと》にいたしますから、参考《さんこう》の為《ため》に御精読《くわしくおよみ》を願《ねが》います。

大正七年四月三十日　　出口王仁三郎

(一)神の実在

（○は大本神諭。☆は天理教神諭、カッコ内は『おふでさき』番号。——は表現が違っている）

○昔《むかし》から神《かみ》は物《もの》は言《い》はなんだぞよ。世《よ》の替《かわ》り目《め》で何彼《なにか》の事《こと》を世界《せかい》の人民《じんみん》に説《と》いて聞《き》かして改心《かいしん》させねば成《な》らぬから、神《かみ》が憑《うつ》りて世界《せかい》のことを知《し》らすぞよ。

☆このたびは神《かみ》が表《おもて》へ現《あら》はれて　自由自在《じゆうじざい》に話《はな》しするから　（第1号—3）

○

○今《いま》の世界《せかい》の人民《じんみん》は盲目《めくら》と聾斗《つんぼばか》りであるから、真《まこと》の神《かみ》が現《あら》はれて何《ど》んな結構《けっこう》な誠《まこと》一《ひ》とつの道《みち》を説《と》いて聞《き》かしてやりても、筆先《ふでさき》で何時《いつ》まで執念強《くど》う知《し》らしても、心《こころ》に誠《まこと》がないから神《かみ》も助《たす》けやうが無《な》いぞよ。

☆この話《はな》しどういふ事《こと》に聞《き》いて居《お》る　世界助《せかいたす》ける模様《もよう》ばかりを　（7―100）

◯

◯三千世界《せかい》の世《よ》の立替《たてかえ》であるから、世界《せかい》には昔《むかし》から未《ま》だ無《な》い困難《こんなん》が出《で》て来《く》るなれど、日《に》本《ほん》は神国《しんこく》、神《かみ》が出《で》て働《はたら》くから大丈夫《だいじょうぶ》であるぞよ。神《かみ》が表《おもて》に顕《あら》はれて世界《せかい》のものを安心《あんしん》さして、昔《むかし》の元《もと》へ世《よ》を復《かえ》すぞよ。

☆どのよふな助《たす》けするのも　真実《しんじつ》の親《おや》がゐるから皆《みな》ひき受《う》ける　（7―101）

（二）根本の神

◯明治《めいじ》二十五年《ねん》から今《いま》に続《つづ》いて出口直《でぐちなお》の手《て》と口《くち》とで細々《こまごま》と、世界《せかい》の事《こと》を知《し》らせども今《いま》の人民《じんみん》疑《うたが》い強《つよ》きゆへ誰《たれ》も誠《まこと》に致《いた》さず、神《かみ》の残念《ざんねん》出口《でぐち》の心《こころ》は胸《むね》に焼鉄《やきがね》宛《あて》る如《ごと》く、是《これ》でも解《わか》りて来《く》るぞよ。解《わ》けて見《み》せるぞよ。

☆いま迄《まで》は三十八年《ねん》以前《いぜん》から　むねの残念《ざんねん》まこと気《き》の毒《どく》　（9―24）

○

○三千年《ねん》の間世《あいだよ》に落《お》ちて世界《せかい》一切《さい》の事《こと》を神《かみ》は調《しら》べて在《あ》るから、世界《せかい》一同《どう》心揃《こころそろ》へて聞《き》いて下《くだ》され、誠斗《まことばか》りの善一筋《ぜんひとすじ》の助《たす》けの教《おし》え、神《かみ》は毛筋《けすじ》も嘘《うそ》は申《もう》さんぞよ。

☆このたびはどのよな事《こと》もしいかりと　みな一列《れつ》に知《し》らす事《こと》なり　（9―25）

○

○元《もと》の昔《むかし》の生神《いきがみ》が、出口直《でぐちなお》の如《よ》うな此世《このよ》に無《な》き落《おち》ぶれものに憑《かか》りて大望《たいもう》な神界《しんかい》の経綸《しぐみ》を、斯《こ》の曇《くも》り切《き》りた世《よ》の中《なか》に育《そだ》ちた人民《じんみん》に知《し》らすのであるから、誰《たれ》も能《よ》う汲取《くみと》らんのは無《む》理《り》なき事《こと》であれども、万物《ばんぶつ》の長《ちょう》とまで申《もう》す人民《じんみん》チットは解《わか》りさうなものでは無《な》いか、解《わか》らんと云《い》ふても余《あま》りであるぞよ。

☆このような事《こと》を言《い》いかけ知《し》らするも　何《なん》の事《こと》やら誰《たれ》もしろまい　（9―27）

○

○天《てん》の天御中主大神《みろくさま》は天《てん》の斯世《このよ》の御先祖様《ごせんぞさま》であるぞよ。地《ち》の先祖《せんぞ》は国常立尊《くにとこたちのみこと》であるぞよ。至仁至愛神《みろくさま》は天照皇太神宮《てんしょうこうだいじんぐう》とお成《な》り遊《あそ》ばして、三千世界《せかい》の御守護《ごしゅご》遊《あそ》ばすぞよ。霊《ひ》能大神様《のおほかみさま》、体系《つき》の大神様《おほかみさま》お揃遊《そろいあそ》ばして、世界《せかい》の御守護《ごしゅご》なさるぞよ。

☆しらするも何《なに》知《し》らすと思《おも》ふ哉《かな》　もとなる親《おや》をたしかしらする　（9―26）

○

○斯世《このよ》は天《てん》と地《ち》との祖神様《かみさま》の御守護《ごしゅご》が無《な》かりたら、世《よ》は立《た》ちては行《ゆ》かぬ斯世《このよ》であるぞよ。世界《せかい》の人民《じんみん》は何《なに》も知《し》らずに、何事《なにごと》も人民《じんみん》の力《ちから》で世《よ》が治《おさ》まるやうに思《おも》ふてエライ取違《とりちが》いを致《いた》して居《お》るが、天地《てんち》の先祖《おやがみ》が現《あらわ》れねば一寸《ちっと》も立《た》ちては行《ゆ》けぬぞよ。………神《かみ》の神力《しんりき》を見《み》せて世界《せかい》の人民《じんみん》を安心《あんしん》させる世《よ》が参《まい》りたぞよ。

☆今迄《いままで》も知《し》らぬ事《こと》をば教《おし》えるは　もとなる親《おや》をたしか知《し》らする　（9―30）

○

○斯世《このよ》は人民《じんみん》の細工《さいく》では何《なに》も成就《じょうじゅ》いたさんぞよ。一時《じ》も早《はや》く自我《が》を折《お》りて天地《てんち》の誠《まこと》の親《おや》神《がみ》に任《まか》せよ。何《ど》んな神徳《しんとく》も授《さず》けるから、斯世《このよ》は思《おも》ふやうに行《ゆ》き出《だ》すぞよ。

☆もとなるの親《おや》をたしかに知《し》りたなら　どんな事《こと》でも皆引《みなひき》うける　（9―31）

○

○斯世《このよ》の元《もと》はどうして出来《でき》たかと申《もう》す事《こと》は、人民界《じんみんかい》では何程智慧《なにほどちえ》ありたとて学力《がくりき》が在《あ》りたとて解《わか》りは致《いた》さんぞよ。斯世造《このよつく》りた世《よ》の根本《こんぽん》の先祖《せんぞ》で無《な》ければ、何程人民《なにほどじんみん》が何時《いつ》まで掛《かか》りて考《かんが》えても到底判《とうていわか》りは致《いた》さんから、素直《すなお》に神《かみ》の申《もう》す事《こと》を疑《うたが》はずに聞《き》くならば、三千世界《せかい》の一切《さい》の事《こと》を細《こま》こう説《と》いて聞《き》かして改心《かいしん》さしてやる世界《せかい》の大本《おほもと》であるぞよ。

☆このよふの人間《にんげん》はじめ元《もと》の神《かみ》　たれも知《し》りたるものは在《あ》るまい　（3—15）

○

○天《てん》の御先祖様《ごせんぞさま》は斯世《このよ》の初発《はじめ》の泥海《どろうみ》の中《なか》に御住居《おすまい》なされて、色々《いろいろ》と永《なが》らくの間《あいだ》御苦労《ごくろう》、御艱難《ごかんなん》を遊《あそ》ばして、斯世《このよ》をお造《つく》り遊《あそ》ばして、海川山野《うみかわやまの》、人間《にんげん》、畜類《ちくるい》、鳥類《ちょうるい》、草木《くさき》、昆虫《けら》までも御造《おつく》り遊《あそ》ばしたぞよ。斯世《このよ》が茲《ここ》まで開《ひら》ける迄《まで》の御艱難《ごかんなん》と申《もう》すものは、口《くち》で言《い》い尽《つく》せるやうなチョロコイ事《こと》で無《な》いぞよ。今《いま》の人民《じんみん》は余《あま》り結構《けっこう》すぎて神《かみ》の御恩《ごおん》を忘《わす》れ、何事《なにごと》も我《われ》の力《ちから》で行《や》れるやうに思《おも》ふて、エライ慮見違《りょうけんちが》いを致《いた》して居《お》るから、今度《こんど》は神《かみ》が表《おもて》に現《あら》はれて、神《かみ》あるか無《な》いかを解《わ》けて見《み》せるぞよ。用意《ようい》をなされよ脚下《あしもと》から鳥《とり》がたつぞよ。

○

☆泥水《どろみず》の中《なか》より守護《しゅご》おしへかけ　それがだん〱さかんなるぞよ　（3—16）

○艮《うしとら》の金神《こんじん》が国常立尊《くにとこたちのみこと》と現《あら》はれて、天《てん》の祖神《おやがみ》さまの御命令《ごめいれい》を戴《いただ》きて、三千世界《せかい》の神《かみ》、仏事《ぶつじ》、人民《じんみん》を助《たす》けるために、因縁《いんねん》の身魂《みたま》出口直《でぐちなお》の体内《たいない》を借《か》りて、世《よ》の立替《たてかえ》の経綸《しぐみ》を手《て》と口《くち》とで知《し》らせども、後《あと》にも前《さき》にも斯世《このよ》初《はじま》りしから未《いま》だ無《な》き大望《たいもう》な事《こと》であるから、暗《やみ》の世《よ》の中《なか》に育《そだ》ちた人民《じんみん》には解《わか》りかけが致《いた》さんので、神《かみ》が永《なが》らく苦労《くろう》を致《いた》せども、今《いま》の人民心《じんみんごころ》に誠《まこと》が無《な》いから、天地《てんち》の御恩《ごおん》が解《わか》らぬから、疑《うたが》いが強《きつ》うて誠《まこと》に能《よ》ういたさんから、神《かみ》はモウ助《たす》けやうが無《な》いぞよ。時節《じせつ》が参《まい》りたぞよ。世界《せかい》の立替初《たてかえはじ》めたら如何《どん》な悪《あく》の強《つよ》い身魂《みたま》でも往生《おうじょう》いたさな成《な》らん事《こと》が出《で》て来《く》るが、そこへ成《な》りての改心《かいしん》はモウ遅《おそ》いから、今《いま》の内《うち》に誠《まこと》に致《いた》す人民《じんみん》で無《な》いと、モウ神《かみ》は一限《ひとき》りに致《いた》して埒能《らちよ》う処置《かた》を付《つ》けるから、前《まえ》に気《き》をつけておくから何事《なにごと》ありても茲《ここ》まで神《かみ》が日々《にちにち》気《き》を付《つ》けたらモウ神《かみ》に不足《ふそく》は申《もう》されまいぞよ。

☆このたびは助《たす》け一条《いちじょう》おしへるも　これも無《な》いこと初《はじ》めかけるで　（3—17）

○

○今度《こんど》の世《よ》の立替《たてかえ》、天《あま》の岩戸開《いわとびら》きは、昔《むかし》から後《あと》にも前《さき》にも末代《まつだい》に一度《ど》ほか無《な》い大望《たいもう》な三千世界《せかい》の立替《たてかえ》であるから、枝《えだ》の神《かみ》やら人民《じんみん》の力《ちから》では末代《まつだい》かゝりても出来《でき》ん事《こと》であるから、神《かみ》の申《もう》す事《こと》は一分《ぶ》一厘《りん》の間違《まちが》いも無《な》いから、素直《すなお》に致《いた》すが一等《とう》であるぞよ。昔《むかし》から言《い》い置《お》きにも書《か》き置《お》きにも歴史《よも》にも無《な》い大望《たいもう》な世《よ》の立替《たてかえ》、立直《たてなお》しであるぞよ。世界《せかい》の人民《じんみん》三分《ぶ》に成《な》る所《ところ》まで行《ゆ》くぞよ。日本《にほん》は神国《しんこく》、世《よ》の元《もと》を拵《こしら》えた神《かみ》が表《おもて》へ出《で》て働《はたら》くから大丈夫《だいじょうぶ》であれども、今迄《いままで》の心《こころ》で居《お》ると日本《にほん》にも何事《なにごと》があろうも知《し》れんぞよ。

☆今《いま》までに無《な》い事初《ことはじ》めかけるのは　もとこしらえた神《かみ》であるから　（3—18）

(三)月日は根の神

○日《ひ》の大神様《おほかみさま》、月《つき》の大神様《おほかみさま》、天照皇大神宮様《てんしょうこうだいじんぐうさま》は天《てん》の御《ご》三体《たい》の大神様《おほかみさま》と申《もう》すぞよ。至仁至《みろく》愛神様《のかみさま》とも陀流面様《だるまさま》とも申《もう》すぞよ。是神様《このかみさま》が天《てん》の真《しん》の御先祖様《ごせんぞさま》であるぞよ。地《ち》の先祖《せんぞ》は国常立尊《くにとこたちのみこと》であるぞよ。月日様《つきひさま》の御命令《ごめいれい》を戴《いただ》きて三千世界《せかい》を構《かま》ふ時節《じせつ》が参《まい》りたから、斯地《このち》の世界《せかい》は皆国常立尊《みなくにとこたちのみこと》の守護《しゅご》と変《かわ》りたぞよ。天《てん》の御先祖様《ごせんぞさま》の御命令《ごめいれい》を戴《いただ》きて、八百万《やほよろず》の神様《かみさま》、眷属《けんぞく》を使《つこ》ふて、今《いま》までは陰《かげ》から斯世《このよ》を構《かも》ふて居《お》りたぞよ。是《これ》を知《し》りた人《じん》民今《みんいま》に無《な》いぞよ。

☆このよふの真実《しんじつ》の神月日《かみつきひ》なり　あとなるは皆道具《みなどうぐ》なるぞや　（6—50）

（四）絶対絶命

○艮《うしとら》の金神《こんじん》は天《てん》の御先祖様《ごせんぞさま》の御命令《ごめいれい》を戴《いただ》きて、大地《だいち》を拵《こし》らえ、海山《うみやま》を造《つく》り、草木《くさき》を生《は》やして人民《じんみん》を拵《こしら》え、人民《じんみん》を天地《てんち》の道具《どうぐ》に致《いた》して斯《こ》の大地《だいち》の御用《ごよう》を為《な》すために永《なが》らくの苦労《くろう》を致《いた》して、雨《あめ》の神《かみ》、風《かぜ》の神《かみ》、岩《いわ》の神《かみ》、荒《あれ》の神《かみ》、地震《じしん》の神《かみ》、其外八百万《そのほかやおよろず》の神々《かみがみ》を拵《こしら》えてそれぐ〳〵に名《な》を付《つ》けて、此世《このよ》の守護《しゅご》をいたさせ、世界《せかい》を茲《ここ》まで開《ひら》いて来《き》た事《こと》を誰《たれ》も知《し》ろまいがな。今《いま》まで斯世《このよ》を開《ひら》くには八百万《やおよろず》の神様《かみさま》の御守護《ごしゅご》に預《あずか》りて居《お》るぞよ。

☆人間《にんげん》を初《はじ》めよふとてだんく〳〵と　よせて使《つこ》ふたこれに神名《かみな》を　（6―51）

○

○天《てん》の真《まこと》の親様《おやさま》は撞《つき》の大神様《おほかみさま》と日《ひ》の大神様《おほかみさま》であるぞよ。月日様《つきひさま》の御命令《ごめいれい》を頂《いただ》きて艮《うしとら》の金神《こんじん》が斯世《このよ》の一切《さい》の守護《しゅご》、人民《じんみん》の守護《しゅご》を致《いた》して来《き》たぞよ。人民《じんみん》と申《もう》すものは天《てん》の祖神《おやがみ》様《さま》の分霊《わけみたま》を頂《いただ》き、肉体《にくたい》は地《ち》の先祖《せんぞ》から分《わ》けて貰《もろ》ふて斯世《このよ》へ生《うま》れさして頂《いただ》きて居《お》る以上《いじょう》は、天地《てんち》の祖神様《おやがみさま》の真実《しんじつ》の御子《おんこ》であるから、人民《じんみん》の親《おや》が児《こ》を思《おも》ふとはモウ一層深《そうふか》い思召《おぼしめし》が御在《おあ》りなされて、何《なに》から何迄昼夜《なにまでひるよる》の御守護遊《ごしゅごあそ》ばすから、人民《じんみん》は祖神様《おやがみさま》の深《ふか》い広《ひろ》い底《そこ》の知《し》れぬ御恩《ごおん》が判《わか》らんと、万物《ばんぶつ》の霊長《れいちょう》とは申《もう》されんぞよ。

☆このよふは真実《しんじつ》のおや月日《つきひ》なり　何《なに》か万《よろず》の守護《しゅご》するぞや　（6―102）

○余《あま》り斯世《このよ》に悪道《あく》が栄《さか》えて、薩張《さっぱ》り世《よ》が逆様《さかさま》に還《かえ》りて、御土《おつち》の上《うえ》は在《あ》らん限《かぎ》り汚《けが》れて居《お》るから、悪魔《あくま》斗《ばか》りの覇張《はば》る世《よ》に化《な》りて了《しも》ふて、誠《まこと》といふ事《こと》は目薬《めぐすり》にする程《ほど》も斯《この》お土《つち》の上《うえ》には無《な》い所《ところ》まで曇《くも》り切《き》りて居《お》るから、モウ此先《このさき》は一寸《すん》も往《ゆ》きも還《かえ》りも、抜《ぬ》きも刺《さ》しも成《な》らんやうに世《よ》が乱《みだ》れて、鬼《おに》と大蛇《だいじゃ》と四ツ足《あし》の世《よ》に成《な》りて居《お》るから、是《これ》から神《かみ》はいよく昔《むかし》の元《もと》の経綸《しぐみ》通《どお》りを初《はじ》めるぞよ。　○

☆此《この》たびはどのよな事《こと》もつみきりて　もうさしぬきはさらにでげんで　(12—41)

○今迄《いままで》は大《だい》の字逆様《じさかさま》の世《よ》でありたぞよ。世《よ》が迫《せま》りてきて絶対絶命《ぜったいぜつめい》となりたぞよ。天地《てんち》が上下《うえした》に還《かえ》ると申《もう》す譬《たと》えが在《あ》ろうがな。今度《こんど》の事《こと》であるぞよ。神《かみ》は急《せ》けるぞよ。一日《にち》も早《はや》く改心《かいしん》いたして、神国《しんこく》の人民《じんみん》の行《おこな》いを致《いた》して下《くだ》されよ。絶対《ぜったい》の間《ま》は延《の》ばしたなれど、モウ絶命《ぜつめい》に成《な》りたから、一寸《ちつと》もモウ延《の》ばされん事《こと》に成《な》りたぞよ。神《かみ》は人民《じんみん》を助《たす》けたいが胸《むね》に一杯《ぱい》であるから、艮《うしとら》の金神《こんじん》が天《てん》の大神様《おほかみさま》へ御詫《おわ》びを致《いた》して、一日《にち》なりと日時《ひとき》を延《の》ばして頂《いただ》いて、何《なん》にも知《し》らぬ人民《じんみん》に改心《かいしん》をさして助《たす》けたさに、郭公《ほととぎす》喉《のど》から血《ち》を吐《は》いて昼夜《ちゅうや》に世界《せかい》の事《こと》を知《し》らせども、今《いま》に誠《まこと》に致《いた》す人民《じんみん》無《な》いから神《かみ》は誠《まこと》に残念《ざんねん》なぞよ。モウ神《かみ》からは今《いま》の人民《じんみん》に知《し》らせやうが無《な》いから、世界《せかい》に何事《なにごと》が在《あ》りても神《かみ》と出口《でぐち》を恨《うら》めて下《くだ》さるなよ。落度《おちど》のないやうに何時迄《いつまで》もクドウ気《き》を附《つ》けるぞよ。

☆けふまでは一日《にち》なりと日《ひ》を延《の》ばし　どのやふなこともひかへいれども　（12―85）

◯

◯三千世界《せかい》の今度《こんど》の大立替《おおたてかえ》であるから、モウ間《ま》がないから、何処《どこ》から何《なに》が破裂《はれつ》いたすやら解《わか》らんぞよ。神《かみ》は延《の》ばせるだけは延《の》ばして気《き》を付《つ》けてあれども、アンナものが何《なに》を吐《ぬか》すと申《もう》し慢神《まんしん》いたして居《お》るから、止《やむ》を得《え》ずの事《こと》が出来《しゅったい》いたすぞよ。そこへなりてから何程《なにほど》バタツイてもモウ後《あと》の祭《まつ》りで、どうも仕様《しよう》は無《な》いぞよ。何時《いつ》なんどき世界《せかい》が潰《つぶ》れるか人民《じんみん》では判《わか》らんぞよ。神《かみ》は何《なに》も彼《か》も世《よ》の元《もと》から能《よ》く解《わか》りて居《お》るから、世界《せかい》の人民皆神《じんみんみなかみ》の子《こ》であるから、一人《ひとり》もツヽボに落《おと》しとうないから、是《これ》だけ何時《いつ》までも同《おな》じやうな事《こと》を申《もう》して気《き》を付《つ》けるのであるぞよ。万古末代取返《まんごまつだいとりかえ》しの成《な》らん事《こと》であるから、一日《にち》の日《ひ》の間《ま》にも天地《てんち》が覆《かえ》るやうな大騒動《おおそうどう》が出《で》て来《く》るぞよ。気宥《きゆる》しはチットも出来《でき》ん世《よ》であるぞよ。

☆けふの日《ひ》はよこめふるまも油断《ゆだん》しな　何《な》ん時《どき》どんな事《こと》が有《あ》るやら　（12—43）

○

○昔《むかし》の神代《かみよ》と申《もう》すものは穏《おだや》かな世《よ》でありたなれど、段々《だんだん》と世《よ》が呉《くれ》て行《ゆ》く程悪《ほどあく》が栄《さか》えて、誠一《まことひ》とつの善《ぜん》の道《みち》が潰《つぶ》れてしまふた故《ゆえ》、斯世《このよ》は薩張《さっぱ》り強《つよ》いものの勝《がち》の畜生《ちくしょう》の世《よ》に成《な》りて、神《かみ》の住《す》む処《ところ》も無《な》いやうに成《な》りて、是《これ》では世界《せかい》は暗黒《やみくも》であるから、天《てん》の御《ご》三体《たい》の大《おほ》神様《かみさま》が三千世界《せかい》の大洗濯《おおせんたく》を成《な》さるに就《つい》ては、悪《あく》の胤《たね》をチットでも斯世《このよ》に残《のこ》して置《お》いたら、またチット呉《くれ》て行《ゆ》きよると斯《こ》んな醜《みぐ》るしき世《よ》に成《な》りて了《しま》ふから、今度《こんど》は末代《まつだい》に一度《ど》ほか為《し》られん大洗濯《おおせんたく》、大掃除《おおそうじ》であるから、今《いま》の人民《じんみん》の精神《せいしん》では間曳《まびか》れる身魂《みたま》が大多《たっ》数《つ》あるから、それを見《み》るのが月日様《つきひさま》も艮《うしとら》の金神《こんじん》も出口直《でぐちなお》も辛《つら》いから、出口直《でぐちなお》は咽《のど》から血《ち》を吐《は》きもって、人《ひと》には疑《うたが》はれ、我児《わがこ》には異《い》な気《げ》に言《い》はれて、明治《めいじ》二十五年《ねん》から昼夜《ちゅうや》に知《し》らして居《お》れども、未《ま》だ肝腎《かんじん》の産《う》みの児《こ》でさえも疑《うたご》ふて真《まこと》に致《いた》さぬ位《ぐらい》であるから、世界《せかい》の人民《じんみん》は判《わか》らんのも無理《むり》は無《な》けれども、神《かみ》は人民《じんみん》を欺《だま》しても何《なに》一つ功能《こうのう》が無《な》いから、効能《こうのう》の無《な》い事《こと》に何時《いつ》までも永《なが》らく苦労《くろう》いたして知《し》らす筈《はず》がないから、神《かみ》の心《こころ》と直《なお》の気苦労《きぐろう》を万物《ばんぶつ》の霊長《れいちょう》たる人民《じんみん》ならチットは推量《すいりょう》いたして下《くだ》されよ。神《かみ》は人《じん》民助《みんたす》けたさに昼夜《ちゅうや》の合戦《かっせん》をいたして居《お》るぞよ。

☆このこゝろどうぞ早《はや》くに一列《れつ》は　承知《しょうち》して呉《く》れ月日《つきひ》たのみや　（12—46）

○今度《こんど》の大望《たいもう》は昔《むかし》の根本《こんぽん》の泥海《どろうみ》の折《おり》からの天地《てんち》の先祖《せんぞ》の深《ふか》い経綸《しぐみ》であるから、世《よ》に出《で》て居《お》れる神様《かみさま》にも守護神《しゅごじん》にも判《わか》らぬやうな事《こと》で在《あ》るから、何程人民《なにほどじんみん》の智慧《ちえ》や学《がく》で末代掛《まつだいかか》りて考《かんが》えても毛筋《けすじ》も解《わか》りは致《いた》さんから、神《かみ》が何事《なにごと》を申《もう》さうとも素直《すなお》に致《いた》して神《かみ》の申《もう》すやうに致《いた》されよ。神《かみ》は世界《せかい》を善一《ぜんひ》とつの水晶《すいしょう》の世《よ》に致《いた》したいのが昔《むかし》からの思《おも》わくであるから、それに付《つ》いては斯世《このよ》この儘《まま》には水晶《すいしょう》には成《な》らんから、三千世界《せかい》の立替《たてかえ》を初《はじ》めるから、改心《かいしん》するなら今《いま》の内《うち》であるぞよ。モウ日《ひ》の間《ま》が無《な》いから一寸《ちっと》も延《の》ばされん事《こと》になりて来《き》たぞよ。神《かみ》が恐喝《をどす》と思《おも》ふたら量見《りょうけん》が違《ちが》ふぞよ。今《いま》に何《なに》も彼《か》も皆出《みなで》て来《き》てアフンと致《いた》さな成《な》らんから、念《ねん》に念《ねん》を押《お》して気《き》を付《つ》けてをくぞよ。

☆このはなし何《なに》をいふてもそむくなよ　神《かみ》のおもわくゑらいことやで　（12—48）

○絶対絶命《ぜったいぜつめい》の世《よ》に成《な》りたぞよ。絶対《ぜったい》と申《もう》した間《ま》は延《の》ばせたなれど、モウ絶命《ぜつめい》になりたから、一寸《ちょっと》も延《の》ばす事《こと》は出来《でき》んから、人民《じんみん》はめいくに其覚悟《そのかくご》をいたして、日本魂《やまとだましい》を我一《われいち》と磨《みが》いて居《お》りて下《くだ》されよ。天《てん》からの時節《じせつ》が迫《せま》りて来《き》たから、何程地《なにほどち》の先祖《せんぞ》の国常立尊《くにとこたちのみこと》が御詫《おわび》を致《いた》してやりても、天《てん》でお聞入《ききい》れが無《な》いやうに迫《せま》りたぞよ、三千世界《せかい》の世《よ》の限替《きりかえ》であるぞよ。

☆このたびはモウ日《ひ》がつまりきるからは　どうもひかへることは出来《でけ》んで　（12—86）

○

○日本《にほん》は神国《しんこく》、人民《じんみん》は神《かみ》の血筋《ちすじ》であるから外国《がいこく》の真似《まね》は出来《でき》ぬ国《くに》であるぞよ。日本《にほん》の人《じん》民《みん》は外国《がいこく》の人民《じんみん》を助《たす》けてやらねば成《な》らぬ因縁《いんねん》の身魂《みたま》であれども、世《よ》が曇《くも》りて今《いま》では外《がい》国《こく》の自由《じゆう》に為《し》られて、尻《しり》の毛《け》が一本《ぽん》も無《な》い所《ところ》まで引抜《ひきぬ》かれて居《お》りても未《ま》だ気《き》が付《つ》かずに、斯結構《このけっこう》な神《かみ》の住居《すまい》をいたす国《くに》を薩張《さっぱ》り汚《けが》して了《しも》ふて、外国《がいこく》よりも劣《おと》りた身魂《みたま》になりきりて居《お》るから、神《かみ》は昔《むかし》の仕組通《しぐみどお》りに致《いた》して見《み》せてやらんと眼《め》が覚《さ》めんから、彼方《あちら》此方《こちら》に眼覚《めさまし》をいたすぞよ。天地《てんち》の大神《おほかみ》も堪《こら》え袋《ぶくろ》の緒《お》が切《き》れたから、国々所々《くにぐにところどころ》、家々《いえいえ》、人々《にんにん》（＝めいめい。）に目覚《めさま》しをいたすぞよ。折角《せっかく》茲《ここ》まで拵《こし》らえた世界《せかい》を根本《こんぽん》からの立替《たてかえ》致《いた》さな成《な》らんのは神《かみ》も残念《ざんねん》であれども、天《てん》の大神様《おほかみさま》のどうしても御許《おゆる》しが無《な》いから、日々《ひび》艮《うしとら》の金神《こんじん》が天地《てんち》へ御願《おねが》い致《いた》せども。一寸《ちょっと》やそっとの御立腹《をきざわり》でないから、何事《なにごと》ありても是非《ぜひ》なき事《こと》であるぞよ。天《てん》の大神様《おほかみさま》は大変《たいへん》な御立腹《おはらだち》なり、何程《なにほど》艮《うしとら》の金神《こんじん》が人《じん》民《みん》に言《い》い聞《き》かしても聞《き》く人民《じんみん》がないので、直《なお》の悔《くや》しさ神《かみ》は残念《ざんねん》なぞよ。

☆なんどきに　どのよなことを　きいたとて　これは月日《つきひ》のざんねんりつぷく（12―87）

○

○疑《うたが》いきつき人民《じんみん》よ、艮《うしとら》の金神《こんじん》が国常立尊《くにとこたちのみこと》と現《あら》はれて、出口直《でぐちなお》の手《て》を籍《か》りて昼夜《ちゅうや》に書《か》かした筆先《ふでさき》を出《だ》して見《み》せて頂《いただ》いたら是《これ》には何《な》んとも申《もう》されまい。一分《ぶ》一厘《りん》間違《まちが》いの無《な》い筆先《ふでさき》ばかりであるぞよ。明治《めいじ》二十五年《ねん》から此筆先《このふでさき》が違《ちご》ふたら神《かみ》は斯世《このよ》に居《お》らんぞよと、いつも申《もう》して書《か》かしてあろうがな、世界《せかい》の大望近寄《たいもうちかよ》りたから、竪《たて》の首《くび》を横《よこ》に振《ふ》る間《ま》も無《な》い程《ほど》、世界《せかい》の物事《ものごと》が速《はや》くなりて来《き》て、開《あ》いた口《くち》が閉《すぼ》まらん事《こと》が今《いま》に出《で》て来《く》るぞよ。出口直《でぐちなお》に書《か》かした筆先《ふでさき》は三千世界《せかい》の活証文《いきしょうもん》であるから、一《ひ》とつでも違《ちご》ふた事《こと》がありたら申《もう》して出《で》て下《くだ》されよ。毛筋《けすじ》の横巾《よこはば》も違《ちが》はん筆先《ふでさき》を後《あと》の証拠《しょうこ》に書《か》かして知《し》らして在《あ》るぞよ。

☆けふの日《ひ》はよこめふるまも無《な》いほどに　はやくしょこふだしてみせるで　（12—124）

〇

〇筆先通《ふでさきどお》りに世界中《せかいじゅう》が成《な》りて来《き》たぞよ。永《なが》らく膝下《ひざもと》に居《お》りても何《なに》も判《わか》らなんだが、モウ是《これ》までに世界《せかい》に実地《じっち》が出《で》て来《き》たからは得心《とくしん》であろうぞよ。これでも未《ま》だ疑《うたが》ふなら神《かみ》は張《ちょう》を切《き》るより仕方《しかた》がないぞよ。

☆これ見《み》たらどんなものでもとくしんせ　なにの話《はなし》もみなこのとふり　（12—125）

○

○地《ち》の先祖《せんぞ》の国常立尊《くにとこたちのみこと》は昔《むかし》の神代《かみよ》に悪神祟神《あくがみたたりがみ》と八百万《やおよろず》の神々《かみがみ》に強《しい》られて、三千年《ねん》の間《あいだ》艮《うしとら》へ押込《おしこめ》られて艮《うしとら》の金神《こんじん》鬼門《きもん》の金神《こんじん》と申《もう》して跳除《はねのけ》られて、悔《くや》し残念《ざんねん》を勘《こば》り詰《つめ》て蔭《かげ》から斯世《このよ》を潰《つぶ》さぬやうに色々《いろいろ》と守護《しゅご》を致《いた》して居《お》りたが、モウ蔭斗《かげばか》りの守護《しゅご》では世《よ》は立《た》たぬやうに成《な》りて来《き》て、万《よろず》の神《かみ》の手《て》に合《あ》はぬやうに乱《みだ》れ切《き》って世《よ》を天《てん》の御先祖様《ごせんぞさま》の御目鏡《おめがね》に叶《かな》ひて、復《ま》た元《もと》の守護《しゅご》をさして戴《いただ》く有難《ありがた》き世《よ》が循《めぐ》りて来《き》たから、是《これ》から艮《うしとら》の金神《こんじん》は変性男子《へんじょうなんし》の身魂《みたま》と現《あら》はれて、天晴世界《あっぱれせかい》の守護《しゅご》をいたす時節《じせつ》が来《まい》りたぞよ。時《じ》節《せつ》ほど結構《けっこう》なものは無《な》いぞよ。悔《くや》し残念《ざんねん》を今《いま》まで世《よ》に落《おと》されて堪《こば》り詰《つめ》て来《き》た事《こと》の誠《まこと》の花《はな》の咲《さ》く世《よ》が参《まい》りて来《き》たぞよ。

☆今《いま》までもかみのおもわくまゝあれど　ひがきたらんでひかへゐたるで　（12—151）

○三千世界《せかい》一度《ど》に開《ひら》く梅《うめ》の花《はな》、鬼門《きもん》の金神《こんじん》の世《よ》に成《な》りたぞよ。須弥仙山《しゅみせんざん》に腰《こし》を懸《か》け艮《うしとら》の金神守《こんじんまも》るぞよ。お照《てら》しは一体七王《たいななおう》も八王《やおう》も王《おう》が在《あ》れば世界《せかい》の苦舌《くぜつ》が絶《た》へんから、神《かみ》が表《おもて》に現《あら》はれて一つの王《おう》で治《おさ》めるぞよ。日本《にほん》は神国《しんこく》、神《かみ》の住居《すまい》と致《いた》す国《くに》を余《あま》り汚《けが》して神《かみ》は斯世《このよ》に居《お》らなんだぞよ。

支那《から》と日本《にほん》の戦《たたか》いあるぞよ。神《かみ》が表《おもて》に現《あら》はれて日本《にほん》へ手柄致《てがらいた》さすぞよ。この戦争《いくさ》は勝《かち》いくさ神《かみ》が蔭《かげ》から経綸《しぐみ》がいたしてあるぞよ。外国《がいこく》に何程金《なにほどかね》がありたとて人民《じんみん》が在《あ》りたとて神《かみ》の国《くに》には勝《か》てんぞよ。今度《こんど》は神《かみ》が在《あ》るか無《な》いかを判《わ》けて見《み》せるぞよ。露国《ろこく》から始《はじ》まりてモウ一戦争《ひといくさ》あるぞよ。跡《あと》は世界《せかい》の大戦《おおたたかい》で、三千世界《せかい》の世《よ》を代《か》えて松《まつ》の代《よ》ミロクの世《よ》と致《いた》すぞよ。

兵隊《へいたい》を一旦日本《たんにほん》へ引寄《ひきよ》して、害国《がいこく》と地震雷《じしんかみなり》火《ひ》の雨降《あめふ》らして戒《いまし》めねば世界《せかい》は神国《しんこく》には成《な》らんぞよ。世界《せかい》の人民《じんみん》よ一人《ひとり》なりとも早《はや》く改心《かいしん》いたして下《くだ》されよ。脚下《あしもと》から鳥《とり》がたつぞよ。トチメンボウを振《ふ》る事《こと》が出来《でき》るぞよ。世界《せかい》には斯大望《このたいもう》ある故《ゆえ》に天輪王《てんりんおう》、金光《こんこう》、黒住《くろずみ》、妙霊《みょうれい》、先走《さきばし》りに出《だ》して知《し》らしてあるぞよ。艮《とどめ》に艮《うしとら》の金神《こんじん》が出《で》て参《まい》りて三千世《せ》界《かい》を水晶《すいしょう》の善《ぜん》一《ひ》とつの神世《かみよ》に立替《たてかえ》るぞよ。余《あま》り何時《いつ》までも改心《かいしん》出来《でき》ぬと神《かみ》はモウ一《ひと》限《き》りに致《いた》して埒能《らちよ》う立替《たてかえ》て了《しま》ふぞよ。昔《むかし》の神代《かみよ》から経綸致《しぐみいた》した神柱《かみばしら》、幹《みき》は大和《やまと》に真《しん》（＝芯）は備前《びぜん》に、枝《えだ》は玉芝《たましば》、根《ね》は丹波《たんば》に経綸《しぐみ》いたして相生《あいおい》の松《まつ》の神代《かみよ》の大本《おほもと》は綾部《あやべ》の本《ほん》宮神宮坪《ぐうしんぐうつぼ》の内《うち》、龍門館《りゅうもんやかた》が高天原《たかあまはら》で動《うご》かぬ仕組《しぐみ》が致《いた》してあるぞよ。『裏《うら》の筆先《ふでさき》』『表《おもて》の筆先《ふでさき》』、三十年《ねん》で世《よ》の切代《きりか》えと致《いた》して天下泰平《てんかたいへい》に世《よ》を治《おさ》めて、跡《あと》は七福神《ふくじん》の楽《らく》あそび。そう成《な》る迄《まで》に世界《せかい》には一《ひ》とつの大峠《おおとうげ》があるから、皆荷《みなに》を軽《かる》く致《いた》して居《お》らねば今度《こんど》の峠《とうげ》は越《こ》せんぞよ。段々《だんだん》と日限《ひぎり》が迫《せま》りて来《き》たから、早《はや》く改心致《かいしんいた》さんとモウ何《ど》うする暇《ひま》も無《な》いぞよ。用意《ようい》を成《な》され足本《あしもと》から鳥《とり》がたつぞよ。

☆だん〳〵ともう日《ひ》がつまりきるからは　どんなことでもいふておくぞや　（12―152）

（五）神の絶体威力

○外国《がいこく》へ上《あが》りて居《お》る悪神《あくがみ》の頭《かしら》が世《よ》の元《もと》の神《かみ》の造《つく》りた世界《せかい》を今迄《いままで》自由自在《じゆうじざい》好《す》き寸法《すっぽう》に致《いた》して、世界《せかい》には恐《こわ》いもの無《な》しに、我《われ》の思《おも》わくを面白《おもしろ》い程《ほど》トン〳〵拍子《びょうし》に致《いた》して上《あが》りて居《お》りたが故《ゆえ》に、悪神《あくがみ》の系統《ひっぽう》が鬼《おに》と大蛇《だいじゃ》と四ツ足《あし》の精神《こころ》に化《な》り切《き》りて、斯世《このよ》を六茶九茶《むちゃくちゃ》に致《いた》して置《お》いて、世《よ》の元《もと》の天地《てんち》の先祖《せんぞ》を無《な》い同様《どうよう》に致《いた》して、悪《あく》の事《こと》ならドンナ事《こと》も為《し》放題《ほうだい》、日本《にほん》の国《くに》へは上《あが》りて来《こ》られん筈《はづ》の悪神《あくがみ》の頭《かしら》が日本《にほん》へ渡《わた》りて来《き》て、モ一《ひ》とつ上《うえ》へ上《あが》りて、王《おう》の王《おう》になろうとのドエライ計略《たくみ》を致《いた》して居《お》るが、モウ天《てん》からの時節《じせつ》が参《まい》りたから、神《かみ》は黙《だま》って見《み》て居《お》る事《こと》が出来《でき》んから、昔《むかし》の天地《てんち》の先祖《せんぞ》の神力《しんりき》を出《だ》して、斯世《このよ》の鬼《おに》と賊《ぞく》と大蛇《だいじゃ》の悪神《あくがみ》を根本《こんぽん》から平《たいら》げて了《しま》ふから、今《いま》の内《うち》に往生《おうじょう》いたさぬと根《ね》の国底《くにそこ》の国《くに》へ投《ほ》り込《こ》みて天《てん》の規則《きそく》通《どお》りの制配《せいばい》に致《いた》すから、今度《こんど》はもう悪神《あくがみ》の年《ねん》の明《あ》きであるぞよ。何程力《なにほどちから》のある悪神《あくがみ》でも人民《じんみん》でも、昔《むかし》の元《もと》の誠《まこと》の神《かみ》には到底歯節《とうていはぶし》は立《た》たんから、足元《あしもと》の明《あかる》い中《うち》に往生《おうじょう》いたすが各自《をのし》の徳《とく》であるから、神《かみ》は気《き》を附《つ》けた上《うえ》にも気《き》を付《つ》けるぞよ。

☆いかほどのごうてきあらば　だしてみよ　かみのほうにはばいのちからを　（3—84）

（六）大神宮

○日《ひ》の大神様《おほかみさま》は伊邪那岐尊様《いざなぎのみことさま》、天地《てんち》の火《ひ》の御守護遊《ごしゅごあそ》ばすぞよ。月《つき》の大神様《おほかみさま》は伊邪那美《いざなみの》命様《みことさま》、天地《てんち》の水《みず》の御守護遊《ごしゅごあそ》ばすぞよ。此神様《このかみさま》が世界《せかい》一の守護神《しゅごじん》であるぞよ。天照皇《てんしょうこう》大神宮様《だいじんぐうさま》は斯《こ》の御二方《おふたかた》から現《あら》はれまして天《てん》の祖様《おやさま》でござるぞよ。斯《こ》の世余《よあま》りに醜《みぐ》るしき故大神宮様《ゆえだいじんぐうさま》は天《あま》の岩戸隠《いわとがく》れを遊《あそ》ばしてお出《いで》ますから、世界《せかい》は真暗黒一寸先《まっくらがりいっすんさ》きの見《み》えぬ世《よ》に成《な》りたのであるぞよ。斯神様《このかみさま》を一日《にち》も早《はや》く岩戸《いわと》から御出《おで》ましを願《ねが》はねば世界《せかい》は段々《だんだん》と悪《あく》が栄《さか》える斗《ばか》りであるから、日本《にほん》の人民《じんみん》が一日《にち》も早《はや》く改心致《かいしんいた》して誠《まこと》の日本魂《やまとだましい》に成《な》りて呉《く》れぬと、何時《いつ》までも御出《おで》ましが無《な》いから、世界《せかい》の人民《じんみん》が永《なが》く苦《くる》しむのを見《み》るのが艮《うしとら》の金神《こんじん》は辛《つら》いから、早《はや》く岩戸《いわと》を開《ひら》けて世界《せかい》の人民《じんみん》を助《たす》けたさに、出口直《でぐちなお》の身魂《みたま》に因縁《いんねん》があるから、今度《こんど》の神《かみ》の御役《おやく》に立《た》つために、生《い》き代《かわ》り死代《しにかわ》り苦労斗《くろうばか》りがさしてありての大望《たいもう》な御用《ごよう》であるぞよ。直《なお》の御魂《みたま》は変性男子《へんじょうなんし》の因縁《いんねん》の御魂《みたま》であるから、御妹御《おいもとご》の稚姫岐美尊《わかひめぎみのみこと》の御魂《みたま》であるから、今度《こんど》の二度目《どめ》の天《あま》の岩戸開《いわとびら》きの御用《ごよう》を致《いた》さして、天《てん》も地《ち》も世界中《せかいじゅう》、神《かみ》も仏事《ぶつじ》も人民《じんみん》も餓鬼蟲《がきむし》ケラ迄《まで》も助《たす》ける御役《おやく》であるから、一通《とお》りの苦労《くろう》では勤《つと》め上《あが》らんから、出口直《でぐちなお》は時鳥咽《ほととぎすのど》から血《ち》を吐《は》きもってでも、今度《こんど》の御用《ごよう》は勤《つと》め上《あ》げて天地《てんち》へ御目《おめ》にかけねばならぬ大望《たいもう》な天《てん》からの御役《おやく》であるぞよ。天照皇大神宮様《みろくのおほかみさま》の世《よ》に立替致《たてかえいた》して、世界《せかい》の人民《じんみん》に万古末代《まんごまつだい》の安心《あんしん》を致《いた》さすぞよ。

☆いざなぎいと　いざなみとがいちのかみ　これてしよふこのだいじんぐなり（6—52）

（七）真実の頼りは神のみ

○金銀宝《きんぎんたから》何程《なにほど》積《つ》んで見《み》た所《ところ》で、正勝《まさか》の時《とき》には何《なん》の役《やく》にも立《た》たんぞよ。何《なに》ほど学問《がくもん》ありたとて、智慧《ちえ》あり力《ちから》ありたとて肝腎要《かんじんかな》めの時来《ときき》たら誠《まこと》の力《ちから》には成《な》りはせんぞよ。親《おや》兄妹《きょうだい》とでも慾《よく》にかけたら公事《くじ》いたす悪魔《あくま》の世《よ》の中《なか》に頼《たよ》りとなるは真《まこと》の神《かみ》より外《ほか》には無《な》いぞよ。斯世《このよ》の息《いき》の切《き》れる時《とき》、何処《どこ》までも杖《つえ》と成《な》り力《ちから》となり道連《みちづ》れとなって守《まも》って下《くだ》さるのは平素神《つねづねかみ》に尽《つく》した信仰《しんじん》の光《ひか》り斗《ばか》り、親兄弟《おやきょうだい》も友達《ともだち》も誰《たれ》も付《つ》いては来《き》て呉《く》れず、只一人冥途《ただひとりあのよ》の旅《たび》を為《せ》な成《な》らぬ。モウ其時《そのとき》は金《かね》でも智慧《ちえ》でも学《がく》でも何《なん》の役《やく》にも立《た》ちはせんぞよ。

天地《てんち》の神《かみ》を頼依《たより》に致《いた》して御魂《みたま》の安心《あんしん》さして貰《もら》ふより外《ほか》に一《ひ》とつも道《みち》は無《な》いから肉体《にくたい》の

ある内《うち》に神《かみ》に縋《すが》りて世界《せかい》の為《ため》に誠《まこと》一《ひ》とつを貫《つらぬ》きて幽冥《あのよ》へ旅立《たびだち》いたす時《とき》の御用意《ごようい》なされ。斯世《このよ》に居《お》る時《とき》の思《おも》ひと幽冥《あのよ》へ往《ゆ》けば、大変《たいへん》に思《おも》わくが違《ちが》ふぞよ。神《かみ》は人民《じんみん》を安楽《あんらく》に暮《くら》さしたいのが、昔《むかし》からの胸《むね》一杯《ぱい》の願《ねが》いであるから、

☆いかほどのごうてきたるも　わかきでも　これをたよりにさらにおもふな　(13―91)

(八)元の神の出現

○千早振昔《ちはやふるむかし》の神代《かみよ》が巡《めぐ》り来《き》て、神《かみ》が表《おもて》に現《あら》はれて斯世《このよ》の元《もと》から末《すえ》の事《こと》まで説《とき》きかす時《じ》節《せつ》が参《まい》りたぞよ。斯世《このよ》になれば神《かみ》は結構《けっこう》、人民《じんみん》は安心《あんしん》な世《よ》に成《な》るぞよ。天《てん》の神様《かみさま》地《ち》へ降《くだ》りて御守護遊《ごしゅごあそ》ばすぞよ。

地《ち》の神《かみ》は天《てん》へ上《あが》りて斯世《このよ》の守護《しゅご》いたすぞよ。世界《せかい》は何《なに》から何《なに》まで薩張《さつぱ》り上下《うえした》に立変《たてかわ》るぞよ。珍《めずら》しき事《こと》が出来《でき》るぞよ。神《かみ》の思《おも》わく成就《じょうじゅ》いたしたぞよ。昔《むかし》の元《もと》の生神《いきがみ》が今度《こんど》は

世界《せかい》へ現《あら》はれて、委細《いさい》の事《こと》を説《と》き聞《き》かし世界《せかい》の人民改心《じんみんかいしん》さして、高天原《たかあまはら》の神国《しんこく》へ助《たす》けるぞよ。昔《むかし》から結構《けっこう》な神様《かみさま》が世《よ》に落《お》ちて御座《ござ》るのを、世《よ》に上《あ》げて御祭《おまつ》り申《もう》す世《よ》に成《な》りたぞよ。時節《じせつ》ほど結構《けっこう》な恐《おそ》ろしきものは無《な》いぞよ。時節《じせつ》を待《ま》てば煎豆《いりまめ》にも花《はな》が咲《さ》くぞよ。今度《こんど》の三千世界《せかい》の世《よ》の立替《たてかえ》は今迄《いままで》に世《よ》に出《で》て居《お》れる神様《かみさま》にも、守護神《しゅごじん》にも人民《じんみん》にも見当《けんとう》の取《と》れん深《ふか》い経綸《しぐみ》で在《あ》るから天地《てんち》の先祖様《せんぞさま》より外《ほか》に此《こ》の事《こと》を知《し》りた神様《かみさま》は無《な》いのであるぞよ。昔《むかし》の元《もと》の生神《いきがみ》が世《よ》に出《で》るに就《つい》て、この事世界《ことせかい》へ知《し》らして置《お》かねば成《な》らぬから、天理王様《てんりおうさま》も宗忠様《むねただざま》も、金光殿《こんこうどの》も妙霊教会《みょうれいきょうかい》も皆先《みなさき》に出《だ》してあるぞよ。艮《とどめ》に艮《うしとら》の金神《こんじん》が大国常立尊《おほくにとこたちのみこと》と現《あら》はれて、世界《せかい》の艮《とどめ》をさす御役《おやく》となりたぞよ。天《てん》も地《ち》も世界中桝掛曳《せかいじゅうますかけひ》いて、上下揃《うえしたそろ》えて運不運《うんぷ》の無《な》き結構《けっこう》な神代《かみよ》に成《な》るに就《つい》ては諸国《しょこく》の神様産土神様《かみさまうぶすなかみさま》は申《もう》すに及《およ》ばず、今迄世《いままでよ》に落《お》ちて居《お》られた荒《あら》たかな生神様《いきかみさま》の御苦労《ごくろう》になりて居《お》るぞよ。今度《こんど》の立替《たてかえ》には神様《かみさま》は申《もう》すに及《およ》ばず、諸面諸仏様《しょめんしょぶつさま》にも御苦労《ごくろう》になりて居《お》るから、小《ちい》さい事《こと》を申《もう》して神仏《かみほとけ》の争《あらそ》いをいたすやうな人民《じんみん》は、神《かみ》の気界《きかい》に叶《かな》はんぞよ。
神《かみ》も仏《ぶつ》も元《もと》を紏《ただ》せば皆一株《みなひとかぶ》であるぞよ。

☆真実《しんじつ》の神《かみ》が表《おもて》へ出《で》るからに　いかな　もよふも　するとおもへよ　（3—85）

（九）神の実現

○天地《てんち》の先祖《せんぞ》の昔《むかし》の根本《こんぽん》からの経綸《しぐみ》が解《わか》る時節《じせつ》が参《まい》りたから、是《これ》が天晴世界《あっぱれせかい》へ現《あら》はれると、ドンナ豪《えら》い悪神《あくがみ》でも鬼《おに》でも蛇《じゃ》でも改心《かいしん》いたさな天地《てんち》の間《あいだ》にをいて貰《もら》えん事《こと》になりて来《き》て、発根《ほっこん》と心《こころ》の立替《たてかえ》が出来《でき》てくるぞよ。昔《むかし》から此世《このよ》が初《はじま》りてから未《ま》だ無《な》い大望《たいもう》な世界中《せかいじゅう》の大洗濯《おおせんたく》であるぞよ。

☆このみちが見《み》えたるならば　どのようなものでも　かなふものはあるまい　（16—34）

○

○種撒《たねま》きて苗《なえ》が立《た》ちたら出《で》て行《ゆ》くぞよ。苅込《かりこみ》になりたら元《もと》へ戻《もど》して三千世界《せかい》の手柄《てがら》いたさすぞよ。日《ひ》の大神様《おほかみさま》は変性男子《へんじょうなんし》の御魂《みたま》であるぞよ。月《つき》の大神様《おほかみさま》は変性女子《へんじょうにょし》の御魂《みたま》であるぞよ。世界《せかい》の真中《まんなか》、世《よ》の大本《おほもと》に変性男子《へんじょうなんし》と変性女子《へんじょうにょし》と夫婦《ふうふ》揃《そろ》ふて、珍《めずら》しき錦《にしき》の機《はた》を織《お》って、三千世界《せかい》の宝《たから》といたすぞよ。是《これ》からは月日《つきひ》揃《そろ》ふて昔《むかし》の経綸《しぐみ》を成就《じょうじゅ》いたさすぞよ。神《かみ》も仏事《ぶつじ》も人民《じんみん》も勇《いさ》んで暮《くら》す世《よ》になるぞよ。

☆けふからは　つきひでかけるはたらきに　どんなことをばするやしれんで　(16―60)

○

○何鹿郡綾部町本宮村神宮坪《いかるがこうりあやべちょうほんぐうむらしんぐうつぼ》の内《うち》は昔《むかし》から因縁《いんねん》の深《ふか》い神屋敷《かみやしき》であるから、天《てん》の御《ご》三体《たい》の大神様《おほかみさま》が昇降《あがりおり》をなされて斯世《このよ》の御守護遊《ごしゅごあそ》ばす結構《けっこう》な下津岩根《したついわね》の高天原《たかあまはら》と相定《あいさだ》まりたぞよ。龍門館《りゅうもんやかた》の高天原《たかあまはら》は三千世界《せかい》の神々《かみがみ》が集《あつ》まりて御相談《ごそうだん》なさる元《もと》の地場《じば》であるぞよ。昔《むかし》から神《かみ》から隠《かく》してありたぞよ。是知《これし》りた人民《じんみん》は今《いま》に無《な》いなれど、是《これ》でも今《いま》に解《わか》りて来《く》るから、疑《うたご》うて居《お》りた人民《じんみん》は余《あま》りの事《こと》に呆《あき》れてアフンと致《いた》して、開《ひら》いた口《くち》が塞《ふさ》がらん事《こと》になるぞよ。

☆いまからの　つきひ　はたらき　するのはな　どこでするとも　たれもしるまい（16—61）

☆つきひには　どんなおもわくあるやらな　このこゝろをば　たれもしるまい（16—35）

○この仕組判《しぐみわか》りて来《き》たら誰《たれ》も彼《かれ》も世界中《せかいじゅう》喜《よろこ》び勇《いさ》んで出《で》て来《く》るぞよ。水晶《すいしょう》の神代《かみよ》になれば神《かみ》は結構《けっこう》、人民《じんみん》は勇《いさ》んで御用《ごよう》いたしだすぞよ。誠《まこと》の日本魂《やまとだましい》に磨《みが》いたら人民《じんみん》の御魂《みたま》は天《てん》の大神様《おほかみさま》の分霊《わけみたま》であるから世界中《せかいじゅう》が水晶《すいしょう》の如《ごと》く澄切《すみき》りて見《み》え出《だ》すなれど、今《いま》の人《じん》民身魂《みんみたま》の曇《くも》りが強《きつ》いから、一寸先《いっすんさ》きは暗《やみ》の世同然《よどうぜん》で、神《かみ》から見《み》れば気《き》の毒《どく》なものであるぞよ。

☆これをばなみえかけたなら　どこまでもむねのうちをば　ひとりすみきる　（16—36）

○今《いま》までは仏《ぶつ》の世《よ》でありたから仏《ぶつ》に神力《しんりき》を取《と》られて、神《かみ》の神力薄《しんりきうす》かりたなれど仏事《ぶつじ》の世《よ》は済《す》みたから、是《これ》からは神《かみ》の神力強《しんりきつよ》くなりて明白《ありやか》に神《かみ》の威勢《いせい》が判《わか》り出《だ》すぞよ。末法《まっぽう》の世《よ》がモウ少《ち》っとあれど、世《よ》を縮《ちぢ》めて元《もと》の神《かみ》の世《よ》に致《いた》してミロクの世《よ》に立直《たてなお》すぞよ。二度目《どめ》の世《よ》の立替《たてかえ》がある故《ゆえ》に天《てん》の大神様《おほかみさま》の御命令《ごめいれい》を戴《いただ》きて諸国《しょこく》の神《かみ》に披露《ひろう》を致《いた》してをいたぞよ。天理王様《てんりおうさま》も金光殿《こんこうどの》も宗忠様《むねただざま》もこの大望《たいもう》あるゆへに、天《てん》の御命令《ごめいれい》で先《さき》に御出《おで》ましになりたのであるぞよ。世界《せかい》の人民《じんみん》も神《かみ》の取次《とりつぎ》も斯大望《こんなたいもう》ある事《こと》は誰《たれ》も十分《ぶん》の事《こと》は知《し》らなんだのは神《かみ》の都合《つごう》で、一厘《りん》の肝腎《かんじん》の所《ところ》が隠《かく》してありたからで在《あ》るぞよ。何《な》んにも知《し》らぬ世界《せかい》の人民《じんみん》が今眼《いまめ》を覚《さ》ます事《こと》があるぞよ。善《よ》き眼醒《めさま》しも悪《あし》き目覚《めさま》しも一度《ど》に出《で》て来《き》てキリ〳〵舞《まい》を致《いた》して歓《よろこ》ぶ身魂《みたま》と苦《くる》しむ身魂《みたま》とが出来《でき》て来《く》るぞよ。

☆けふまでは　なにもしらずにゐたけれど　さあみえかけた　ゑらいたのしみ（16―56）

○今《いま》までは余《あま》り上下《うえした》運非運《うんぷ》が在《あ》りたから、是《これ》では世界《せかい》が丸《まる》う治《おさ》まらんから時節参《じせつまい》りて、日月《かみ》が表《おもて》に顕《あら》はれて働《はたら》くぞよ。今迄《いままで》は大《だい》の字《じ》が逆様《さかさま》の世《よ》でありたが、日月《かみ》が表《おもて》にあらはれて、大《だい》の字《じ》を本様《ほんさま》に立直《たてなお》して、世界《せかい》の人民《じんみん》、鳥類《ちょうるい》、畜類《ちくるい》、餓鬼《がき》、昆虫《むしけら》までも歓《よろこ》ばして与《や》る時節《じせつ》が来《き》たから、昔《むかし》から人民《じんみん》の知《し》らなんだ事《こと》を変性男子《へんじょうなんし》の手《て》で書《か》いて知《し》らすぞよ。

○

☆このたびはかみが表《おもて》へでてるから　どんなことでもみなおしへるで（16―39）

○だんくと世《よ》の立替《たてかえ》の日限《ひぎり》が迫《せま》りて来《き》て、モウ人民《じんみん》に言聞《いいき》かして居《お》る暇《ひま》がないから、止《や》むを得《え》ず何彼《なにか》の経綸《しぐみ》を急速《きっそく》に致《いた》して見《み》せてやるぞよ。斯世《このよ》は神《かみ》の自由《じゆう》であるぞよ。

☆けふの日《ひ》は　みちがいそいでゐるからな　どんなことでも　はやくみせるで（16―46）

○

○今《いま》までの教会《きょうかい》の取次《とりつぎ》は神《かみ》の心《こころ》と教祖《きょうそ》の精神《せいしん》とに反対《はんたい》いたして、神《かみ》を松魚節《かつをぶし》にいたしてエラサウに青畳《あおだたみ》の上《うえ》で我《われ》が神《かみ》の真似《まね》をいたして居《お》るが、真《まこと》の神《かみ》は世界人民《せかいじんみん》助《たす》けたさに未《ま》だ床下《ゆかした》に働《はたら》いて居《お》るぞよ。是《これ》が判《わか》りた取次《とりつぎ》は今《いま》に無《な》いぞよ。天理王様《てんりおうさま》の教祖殿《きょうそどの》も金《こん》光殿《こうどの》も神界《しんかい》では大変《たいへん》に心配遊《しんぱいあそ》ばして御座《ござ》るが、是《これ》が判《わか》りた取次《とりつぎ》は今《いま》にないぞよ。親《おや》の心《こころ》児《こ》知《し》らずと申《もう》すのは今《いま》の教会《きょうかい》の取次《とりつぎ》の事《こと》であるぞよ。神《かみ》は世界《せかい》を尋《たず》ねても誠《まこと》の者《もの》が無《な》きゆへに、止《や》むを得《え》ず経綸《しぐみ》を代《か》えねばならぬから、天理王《てんりおう》、金光殿《こんこうどの》の教祖《きょうそ》には誠《まこと》に気《き》の毒《どく》であれども、此儘《このまま》に任《まか》して置《お》いては取次《とりつぎ》が大《おお》きな取違《とりちが》い致《いた》して居《お》るから、到底神《とうていかみ》の思《おも》わくが立《た》たんから、出口直《でぐちなお》の身魂《みたま》　因縁《いんねん》があるから日月《かみ》が体内《たいない》を借《か》りて世《よ》を開《ひら》くぞよ。水晶玉《すいしょうだま》を選《よ》りぬいて日月《かみ》の御用《ごよう》に使《つこ》ふて、三千世界《せかい》の立替《たてかえ》、立直《たてなお》しを致《いた》すぞよ。綾部《あやべ》の大本《おほもと》が世界《せかい》へ判《わか》りて来《く》る程《ほど》、今《いま》までの教会《きょうかい》の取次《とりつ》ぎは辛《つら》くなるから、今《いま》の内《うち》に従《したが》ふ所《ところ》へ従《したご》ふて誠《まこと》の神《かみ》の御用《ごよう》をいたさねば、今《いま》まで永《なが》らく神《かみ》の道《みち》で苦労《くろう》いたした事《こと》が水《みず》の泡《あわ》になるぞよ。神《かみ》がこう申《もう》すと心《こころ》の曇《くも》りた利己本意《われよし》の取次《とりつ》ぎは、我《われ》の汚《きた》ない小《ちい》さい心《こころ》に双《くら》べて、出口直《でぐちなお》が肉体《にくたい》で我田《わがた》へ水《みず》を引《ひ》くやうに思《おも》ふで有《あ》ろうなれど、ソンナ小《ちい》さい事《こと》でないぞよ。末代《まつだい》に一度《ど》より為《し》られん三千世界《せかい》の大洗濯《おおせんたく》であるから、何処《どこ》までも手《て》を曳《ひ》き合《お》ふて手柄《てがら》さして与《や》りたいから日月《かみ》が出口直《でぐちなお》に憑《かか》りて知《し》らすのであるぞよ。今《いま》の神《かみ》の取次《とりつ》ぎ余《あま》り結構《けっこう》すぎて慢心《まんしん》いたして天《てん》までも昇《のぼ》り詰《つめ》て居《お》るから、肝腎《かんじん》の日月《かみ》の申《もう》す事《こと》は耳《みみ》へは這入《はい》らんので、気《き》の毒《どく》でもモウ気《き》の附様《つけよう》が無《な》いから、外《ほか》の教会跡《きょうかいあと》で不足《ふそく》は申《もう》して下《くだ》さるなよ。今《いま》に吃驚《びっくり》いたさな成《な》らん事《こと》があるぞよ。

☆このさきは　どこのひとゝもゆわんでな　むねのうちをば　みなみてゐるで（16―59）

○

○永《なが》らく神《かみ》が出口《でぐち》の手《て》を借《か》り口《くち》をかりて、昼夜《ちゅうや》に知《し》らした事《こと》の実地《じっち》が出《で》て来《く》ると、天《てん》地《ち》が転覆《ひっくりかえ》るやうな大騒《おおさわ》ぎとなりて、空《そら》は真暗《まっくら》になり地震《じしん》雷《かみなり》火《ひ》の雨《あめ》所々《あちこち》に降《ふ》り乱《みだ》れ、目《め》も鼻《はな》も口《くち》も開《あ》けて居《お》れん、大《おお》きな息《いき》も出来《でき》ん事《こと》が出来《しゅったい》して、青《あお》い顔《かお》して頭《あたま》が下《した》になり、足《あし》が頭《あたま》に成《な》りて逆立《さかだち》になるものやら、腰《こし》が抜《ぬ》けて顎《あご》が外《はず》れて早速《さっそく》に物《もの》も言《い》えぬものやら、そこら辺《あた》りを手《て》でヌタクランならんやうな事《こと》になりて来《く》るから、今《いま》の内《うち》に十分《ぶん》に覚悟《かくご》を致《いた》して居《お》りて下《くだ》され、神《かみ》の申《もう》す事《こと》は毛筋《けすじ》も間違《まちが》いは無《な》いぞよ。

☆それゆへに　でかけてからは　どむならん　そこでいちれつしあんするよふ（16―47）

○

○今《いま》までは鬼《おに》と賊《ぞく》との覇張《はば》る暗黒《くらやみ》の世《よ》の中《なか》でありたから、悪神《あくがみ》が人民《じんみん》の肉体《にくたい》に宿《やど》りて、勝手気儘《かってきまま》の為放第好《しほうだいす》き寸法《すっぽう》に斯世《このよ》を茲《ここ》まで乱《あ》らして、モウ斯先《このさ》きは一寸《ちょっと》も世《よ》が立《た》たぬ様《よう》にして了《しも》ふて、世界《せかい》が潰《つぶ》れるより仕様《しよう》が無《な》いところまで世《よ》が落《お》ちて居《お》るのに、未《ま》だ悪神《あくがみ》が斯世《このよ》をモ一《ひ》とつ乱《あ》らして、日本《にほん》の神国《しんこく》へ上《あが》りて神《かみ》の国《くに》まで自由自在《じゆうじざい》に為《し》て了《しも》ふて、神《かみ》の王《おう》よりも一段上《だんうえ》へ上《あが》りて、王《おう》の王《おう》に成《な》ろうとの外国《がいこく》の悪神《あくがみ》のたくみであれど、日本《にほん》には世《よ》の元《もと》から誠《まこと》一つの只《ただ》一厘《りん》の見《み》えぬ経綸《しぐみ》が致《いた》してあるから、何程外国《なにほどがいこく》の悪神《あくがみ》が日本《にほん》の人民《じんみん》の肉体《にくたい》を使《つこ》ふて、斯世《このよ》を自由《じゆう》に致《いた》さうと思《おも》ふても、モウ斯先《このさき》は天《てん》地《ち》の先祖《せんぞ》の光《ひか》りの出《で》る世《よ》になりて来《き》たから、今迄《いままで》の格合《ぐあい》には行《ゆ》かんから、一日《にち》も早《はや》く往生《おうじょう》いたして真《まこと》の神《かみ》に従《したが》えば、何程深《なにほどふか》い罪穢《めぐり》のある身魂《みたま》でも一旦《たん》は赦《ゆる》してやりて、改心《かいしん》の出来《でき》た上《うえ》でそれぐの御用《ごよう》に使《つこ》ふて遣《や》るなれど、余《あま》り何時《いつ》までも頑張《がんば》りて居《お》ると、天地《てんち》の先祖《せんぞ》の経綸《しぐみ》どほりに埒宜《らちよ》くいたして世界《せかい》を立替《たてかえ》て了《しま》ふから、外国魂《からたま》の守護《しゅご》神《じん》、人民《じんみん》は実《まこと》に気《き》の毒《どく》が出来《しゅったい》するから、神《かみ》は悪神《あくがみ》でも助《たす》けてやりたいのが一念《ねん》で在《あ》るから、モウ取返《とりかえ》しが付《つ》かんから、是《これ》たけクドウ念《ねん》を押《お》すのであるぞよ。

☆このさきは　かみがしばいをすからは　どんなことでも　まゝにでけんで　（16―71）

〇

〇三千世界《せかい》の立替《たてかえ》の時節来《じせつまい》りて、天《てん》の御《ご》三体《たい》の大神様《おほかみさま》が地《ち》の高天原《たかあまはら》へ降《くだ》りて御守護遊《ごしゅごあそ》ばす世《よ》となりたから、世界隅々《せかいすみずみ》までも水晶《すいしょう》の如《ごと》く見《み》え透《す》くから、善悪《よしあし》が厳重《げんじゅう》に判《わか》りて来《き》たから、悪《あく》の胤《たね》を斯世《このよ》に残《のこ》しておいたら、何時《いつ》までも世《よ》は神国《しんこく》にならんから、艮《うしとら》の金神国常立尊《こんじんくにとこたちのみこと》はこの世《よ》のヱンマであるから、天《てん》の大神様《おほかみさま》の御命令通《ごめいれいどお》りに、根《ね》の国底《くにそこ》の国《くに》へ連《つ》れて行《ゆ》くから、根《ね》の国底《くにそこ》の国《くに》へ退《や》られたらモウ万古末代《まんごまつだい》この世《よ》へ上《あが》る事《こと》は出《で》来《き》んから改心《かいしん》するのは今《いま》の内《うち》であるぞよ。月日《つきひ》も日限《にちげん》も定《き》まりて居《お》るから、モウ延《の》ばす事《こと》は出来《でき》んから神《かみ》も苦労《くろう》を致《いた》して居《お》れど余《あま》り曇《くも》りが強《ひど》いので、解《わ》かる人民《じんみん》なきゆへ神《かみ》の悔《くや》しさ残念《ざんねん》さ、モウ助《たす》けやうが無《な》いぞよ。

☆もうけふは　なんでもかでもみえるでな　こくげんきたら　つきひつれゆく（16―75）

☆けふのひは　もうぢうぶんに　つんできた　なんどきつれに　でるやしれんで

☆つれゆくは　ちょとのとこでは　ないほどに　おふくみえるが　たれもしろまい　(16―76)

〇

〇今《いま》の世界《せかい》の鼻高《はなだか》は我程《われほど》エライ者《もの》は無《な》いやうに申《もう》して、高《たか》い処《ところ》へ上《あが》って人民《じんみん》を見降《みくだ》し、神《かみ》どもと申《もう》して神《かみ》を無《な》い様《よう》に見下《みさ》げて、神《かみ》は人民《じんみん》が祭《まつ》ってやらねば神《かみ》は何《な》んにも能《よ》う致《いた》さんとヱライ慢心《まんしん》をいたして居《お》りたが、時節《じせつ》が巡《めぐ》り来《き》て神世《かみよ》になるから、モウ此先《このさき》は一言《こと》も何《なに》も言《い》ふ事《こと》が出来《でき》んやうに世《よ》が変るぞよ。　(16―77)

☆いかほどのたかい所《ところ》と　いふたとて　もうけふからは　もんく　かわるで　(――)

〇

〇日本《にほん》の人民《じんみん》は申《もう》すに及《およ》ばず、世界《せかい》一同《どう》早《はや》く覚悟《かくご》を致《いた》さんと、思《おも》ひも由《よ》らぬ大間違《おおまちが》いになるから、神《かみ》の申《もう》す内《うち》に早《はや》く改心《かいしん》して下《くだ》されよ。薩張《さっぱ》り天地《てんち》が覆《かえ》るぞよ。

☆さあしやん　これからこゝろ　いれかへて　しやんさだめん　ことにいかんで（16—78）

〇

〇斯世《このよ》は人外《にんがい》（＝害）の世《よ》に為《な》りて神《かみ》の鎮《しず》まる所《ところ》も無《な》きやうに、泥海同様《どろうみどうよう》に濁《にご》り切《き》りて居《お》るから、一旦《たん》三千世界《せかい》を根本《こんぽん》から立替《たてかえ》て了《しま》ふと、月日様《つきひさま》の大変《たいへん》な御腹立《おはらだち》であるから、艮《うしとら》の金神《こんじん》が御詫《おわ》びを申《もう》して日日《ひにち》を延《の》ばして頂《いただ》きて、其間《そのま》に一人《ひとり》なりと改心《かいしん》さして日本魂《やまとだましい》に立復《たちかえ》らして助《たす》けたいと思《おも》ふて日々筆先《にちにちふでさき》で知《し》らせども、今《いま》の人民《じんみん》の心《こころ》が皆悪《みなわ》る開《ひら》けに開《ひら》けて曇《くも》り切《き》って居《お》るから、神《かみ》の苦労《くろう》が水《みず》の泡《あわ》に成《な》るのが残念《ざんねん》ながら、いつも同《おな》じ筆先《ふでさき》を出《だ》して気《き》を附《つ》けるなれど、アノ狂乱《きちがい》が何《なに》を申《もう》すやら判《わか》らん位《ぐらい》より取《と》りては呉《く》れず、月日様《つきひさま》からは日々《にちにち》お急《いそ》ぎ遊《あそ》ばすなり、何程判《なにほどわか》らん人民《じんみん》でも是《これ》だけに神《かみ》が申《もう》したらチットは気《き》が付《つ》きさうなものであるぞよ。神《かみ》の残念《ざんねん》、直《なお》の悔《くや》しさ、中《なか》に立《た》つ金神《こんじん》も辛《つら》いぞよ。

☆つきひより　あらわれでると　ゆうたとて　だんくなにも　ことわりたゆへ　（11—24）

○

○神《かみ》は一株《ひとかぶ》であれども、今《いま》の教会《きょうかい》の宣教師《とりつぎ》は心《こころ》が小《ちい》さいから、我《われ》の慾斗《よくばか》りに迷《まよ》ふて肝腎《かんじん》の神《かみ》のとりつぎは忘《わす》れて了《しも》ふて、折角教祖《せっかくきょうそ》に苦労《くろう》さして、神界《しんかい》から知《し》らした事《こと》を誤《とり》解《ちがえ》いたして却《かえ》って神《かみ》の邪魔《じゃま》ばかり致《いた》すから、止《やむ》を得《え》ず艮《うしとら》の金神《こんじん》は出口直《でぐちなお》に因縁《いんねん》あるから、憑《うつ》りて今度《こんど》の御用《ごよう》を致《いた》さすのであるから、是《これ》が判《わか》りて来《く》る程《ほど》、天理《てんり》王《おう》、金光《こんこう》、黒住様《くろずみさま》の御取次《おとりつ》ぎは段々《だんだん》つらくなりて来《き》て、頭《かしら》を土《つち》へ逆立《さかだち》になりて御詫致《おわびいた》さな成《な》らん事《こと》が今《いま》に出来《しゅったい》いたすが誠《まこと》に気《き》の毒《どく》なもので在《あ》るぞよ。誠《まこと》の信者《しんじゃ》は実《じつ》に気《き》の毒《どく》なものであるぞよ。余《あま》り取次《とりつ》ぎが慢心《まんしん》をいたして何《なに》も解《わか》らぬ癖《くせ》にエラソウに申《もう》して、天地《てんち》の神《かみ》の経綸《しぐみ》の邪魔《じゃま》を致《いた》すから、ドノ教祖殿《きょうそどの》も神界《しんかい》にては御苦《おくる》しみ遊《あそ》ばして、日々天地《にちにちてんち》へ御《お》謝罪《わび》ばかり成《な》されて御座《ござ》るなれど、盲目《めくら》と聾《つんぼ》の今《いま》の教会《きょうかい》の取次《とりつ》ぎモウ時節《じせつ》が来《き》たぞよ。用意《ようい》をなされ、今《いま》に頭《あたま》を掻《か》く事《こと》が出来《でき》るぞよ。

☆どのよふなことをいふやらしれんでな　そこでなんでもことわりばかり　（12―33）

〇

〇何彼《なにか》の時節《じせつ》が参《まい》りて、モウ一寸《ちょっと》も日《ひ》を延《の》ばすことが出来《でき》んから、綾部《あやべ》の大本《おほもと》、地《ち》の高《たか》天原《あまはら》に変性男子《へんじょうなんし》と女子《にょし》の御魂《みたま》が現《あら》はれて、三千世界《せかい》の神《かみ》、仏事《ぶつじ》、人民《じんみん》の審神者《あらため》をいたすから皆《みな》その覚悟《かくご》をいたさぬと俄《にわか》にトチメンボウを振《ふ》らねばならぬから、永《なが》らく知《し》らしてあるぞよ。

☆けふの日《ひ》は　もうじせつふがきたるから　つきひでかける　しようちせよ　（12―30）

☆なんどきに　みえることやら　これしれん　つきひのこゝろ　つみきりてある　（12―36）

○神《かみ》の道《みち》では布教者《とりつぎ》公人役員《こうにんやくいん》この世《よ》の頭《かしら》いたして、心《こころ》の悪《あし》きものは今度《こんど》は世《よ》の立替《たてかえ》であるから、気《き》の毒《どく》でも取払《とりはら》ひに致《いた》して、世界《せかい》の大洗濯《おおせんたく》をいたさねば天《てん》の大神様《おほかみさま》へ艮《うしとら》の金神《こんじん》の申訳《もうしわけ》が立《た》たんから誠《まこと》に気《き》の毒《どく》なれど、助《たす》けやうがないぞよ。神《かみ》は余程《よほど》の苦労《くろう》をいたして居《お》るから、推量《すいりょう》して一人《ひとり》なりとも一日《にち》も早《はや》く改心致《かいしんいた》して下《くだ》されよ。神《かみ》は急《せ》けるぞよ。

☆どのよふなことがあるやらしれんでな　まこときのどくおもてゐれども　（12―35）

第三章　大本神諭と天理教神諭（天爵道人）

（『神霊界』大正七年六月一日発行）

（一）

○今迄《いままで》は悪神《あくがみ》の好《す》き寸法《すっぽう》に致《いた》した世《よ》でありたぞよ。天地《てんち》の月日《かみ》は蔭《かげ》から守《まも》りて居《お》りたなれど蔭《かげ》の守護《しゅご》は充分《じゅうぶん》の神力《しんりき》が出《で》んから時節《じせつ》を待《ま》ちて居《お》りたら時節《じせつ》参《まい》りて日月《かみ》が表《おもて》へ現《あら》はれて守護《しゅご》いたす世《よ》が参《まい》りたから、モウこのさきは神《かみ》ははげしく成《な》るから何程人民《なにほどじんみん》がエラウても神《かみ》には到底叶《とうていかな》はんから、素直《すなお》に改心《かいしん》するが一等《とう》であるぞよ。

☆このたびはモウじゅうぶんに　ひもきたり　なにかよろづを　まゝにするなり　（6—65）

○

○外国《がいこく》の悪神《あくがみ》やら四ツ足《あし》の頭《かしら》が○○へ渡《わた》りて来《き》て、世界《せかい》の上《かみ》に立《た》ちて、この世《よ》を我《われ》の自《じ》由自在《ゆうじざい》に強《つよ》いもの勝《がち》の畜生国《ちくしょうのくに》に致《いた》して了《しも》ふてモ一つ上《うえ》へ上《あが》りて王《おう》の王《おう》に成《な》ろうと致《いた》して、智慧《ちえ》と学《がく》とで神《かみ》も叶《かな》はんやうなヱライ仕組《しぐみ》を致《いた》して、下《しも》の難義《なんぎ》を見《み》て心《こころ》の中《なか》で喜《よろこ》こんで居《お》るが斯世《このよ》に誠《まこと》の神《かみ》が無《な》かりたら、モウこの先《さき》は一寸《ちょっと》も行《ゆ》けぬやうに成《な》りて居《お》るのに、未《ま》だ斯世《このよ》がこの儘続《ままつづ》くやうに高《たか》い所《ところ》も中段《ちゅうだん》の所《ところ》も神《かみ》の高《たか》い処《ところ》に上《あが》りて取《とり》次《つぎ》いたす人民《じんみん》もヱライ取違《とりちが》いを致《いた》して居《お》るが、今《いま》に元《もと》の昔《むかし》の生神《いきがみ》の守護《しゅご》ありだすから、今《いま》に開《あ》いた口《くち》が閉《すぼ》まらん事《こと》になるぞよ。早《はや》く改心《かいしん》いたして真《まこと》の神《かみ》の申《もう》す事《こと》を聞入《ききい》れて其行《そのおこな》いを替《か》えて居《お》らんと、残念《ざんねん》な事《こと》が出来《しゅったい》してキリ〳〵舞《まい》を致《いた》さなならんぞよ。モウ是《これ》からは神代《かみよ》に世《よ》が復《かわ》るから世界《せかい》は神《かみ》の自由自在《じゆうじざい》であるから、何時《いつ》船《ふね》が覆《かえ》るやら判《わか》らんぞよ。

☆それしらず　たかやまにては　なにもかも　なんとおもふて　ま丶にすぞや（6—66）

（二）一切は神の現はれ

○人民《じんみん》の肉体《にくたい》は天地《てんち》のかたで在《あ》るから、人民《じんみん》の心《こころ》の持方《もちかた》一つに天地《てんち》は清《きよ》らかにもなり曇《くも》りも致《いた》すので在《あ》るから、人民《じんみん》が第《だい》一に改心《かいしん》して水晶《すいしょう》の精神《せいしん》になりて呉《くれ》ねば、天地《てんち》の岩《いわ》戸《と》が開《ひら》けんのであれども今《いま》の人民《じんみん》は余《あま》り我《が》が強《つよ》うて何時《いつ》まで言《い》い聞《き》かしても、実地《じっち》をして見《み》せても解《わか》らんから、止《とどめ》を得《さ》す神《かみ》が出《で》て働《はたら》くから、神《かみ》が実地《じっち》をして見《み》せると、気《き》の毒《どく》な人民《じんみん》が大多数《たっぴつ》に出来《でき》るから、末代《まつだい》に一度《ど》より為《し》られん事《こと》であるから、何時《いつ》までも念《ねん》を押《お》すなれど、何時《いつ》も同烏《おなじからす》が啼《な》くやうに思《おも》ふて外国魂《がいこくだま》に成《な》り切《き》りて了《しも》ふて居《お》るから、神《かみ》も堪忍袋《こらえぶくろ》が切《き》れたぞよ。

○

☆だん〳〵となにごとにても　このよふはかみのからだしや　しやんしてみよ（3―135）

○何鹿郡綾部町本宮村神宮坪《いかるがごうりあやべちょうほんぐうむらしんぐうつぼ》の内《うち》は世界《せかい》の中心《まんなか》龍門館《りゅうもんやかた》であるから、地《ち》の高天原《たかあまはら》と定《さだ》まりて、天《てん》の大神様《おほかみさま》が降昇《おりあが》りを成《な》されて、八百万《やおよろず》の神《かみ》を集《あつ》めて御相談《ごそうだん》を遊《あそ》ばす尊《とうと》い処《ところ》であれ共《ども》、燈台下《とうだいもと》は真暗《まっくらが》りの譬《たと》えの通《とお》り遠国《えんごく》から解《わか》りて来《き》て、肝腎《かんじん》の綾部《あやべ》の人民《じんみん》はアフンと致《いた》して指《ゆび》をくわえて見《み》て居《お》らんならぬぞよ。昔《むかし》の生神《いきがみ》の守護《しゅご》で昔《むかし》から斯世《このよ》初《はじま》りてから未《ま》だ無《な》い不思議《ふしぎ》な珍《めずら》しき事《こと》を致《いた》すぞよ。

☆ことしには　めづらしことをはじめかけ　いまゝでしらぬことをするぞや　(――)

(三)神の性質　根の神の大慈悲

○古《ふる》き世《よ》の本《もと》の真《まこと》の日月神《いきがみ》が地《ち》の高天原《たかあまはら》に因縁《いんねん》ありて、三千世界《せかい》の罪科《めぐり》を引受《ひきう》け、神仏《かみぶつ》事人民《じじんみん》などの洗濯《せんたく》いたして世界中《せかいじゅう》を助《たす》ける時節《じせつ》が巡《めぐ》り来《き》たから、変性男子《へんじょうなんし》の御魂《みたま》の宿《やど》りて居《お》る出口直《でぐちなお》の体内《たいない》を籍《か》りて世界《せかい》を水晶《すいしょう》に致《いた》して、罪科《めぐり》の根《ね》を切《き》るぞよ。それに就《つ》いては世界《せかい》の人民《じんみん》は皆神《みなかみ》の大切《たいせつ》な子《こ》であるから、一人《ひとり》もツヽボには落《おと》しとも無《な》いから、一日《にち》も早《はや》く神《かみ》の教《おしえ》を聞《き》いて改心《かいしん》をさしたい斗《ばか》り、永《なが》らく神《かみ》は出口《でぐち》に苦労《くろう》をさして居《お》るから、誠《まこと》の人民《じんみん》は一人《ひとり》なりと早《はや》く大本《おほもと》へ参《まい》りて神《かみ》の申《もう》す事《こと》を腹《はら》へ入《い》れて下《くだ》さりたら、神《かみ》が其人《そのひと》の精神《せいしん》を見届《みとど》けた上《うえ》で、誰《たれ》が打《たた》き落《おと》しても落《お》ちん神徳《しんとく》を授《さず》けて世界《せかい》の柱《はしら》といたすから、神《かみ》の直接《じきじき》の御用《ごよう》ぐらい斯世《このよ》に結構《けっこう》はないから早《はや》く人民《じんみん》を助《たす》けるやうの取次《とりつぎ》を致《いた》して下《くだ》されよ。神《かみ》が附添《ひっそ》ふてドンナ守護《しゅご》もいたすから、心《こころ》を大丈夫《だいじょうぶ》に持《も》ちて世界助《せかいたす》けの御用《ごよう》に勤《つと》めて下《くだ》され。今《いま》が世界《せかい》の艮《とどめ》であるぞよ。

☆しんじつにこゝろすましたそのうへは　たすけるもよふ　はやくおしへる　（13―113）

○

○日本《にほん》は神国神《しんこくかみ》の鎮《しず》まりて世界《せかい》を治《おさ》める霊主体従《ひのもと》の結構《けっこう》な国《くに》であれども日本《にほん》の人民《じんみん》の心得《こころえ》が悪《わる》かったゆへに、体主霊従《から》の身魂《みたま》に自由自在《じゆうじざい》に汚《けが》されて了《しも》ふて神《かみ》の鎮《しず》まる場所《ところ》も無《な》きやうに成《な》りたから、日本《にほん》へ渡《わた》りて来《き》られん筈《はず》の枝《えだ》の国《くに》から、病神《やまいがみ》が渡《わた》りて来《き》て日本神国《にほんしんこく》の人民《じんみん》をなやめてホウ瘡神《そがみ》やらハシカやら未《ま》だく悪《わる》い病神《やまいがみ》が出《で》て参《まい》りて荒《あ》れまはし、神国《しんこく》の人民《じんみん》を苦《くる》しめるのを、神々《かみがみ》は今《いま》まで見《み》て見《み》ん振《ふ》りをして御座《ござ》ったのも、是《これ》も時節《じせつ》であれども、「モウ斯先《このさき》は元《もと》の生神《いきがみ》の構《かま》ふ世《よ》になりたから、枝《えだ》の国《くに》から渡《わた》りて来《き》た病神《やまいがみ》は封《ふう》じて了《しま》ふぞよ。それも日本《にほん》の人民《じんみん》の心《こころ》次第《しだい》であるから、心《こころ》から水晶《すいしょう》になりて貰《もら》はんと、何《な》んぼ神《かみ》でも助《たす》けるといふ事《こと》には行《ゆ》かんから、一日《にち》も早《はや》く日本《にほん》の神国《しんこく》の人民《じんみん》の行《おこな》いを致《いた》して下《くだ》され神《かみ》は日本《にほん》の国斗《くにばか》りでないぞよ。三千世界《せかい》を皆《みな》助《たす》けたいのが心願《ねがい》であるぞよ。けれども日本《にほん》の人民《じんみん》の改心《かいしん》が出来《でき》ぬと世界《せかい》を助《たす》ける訳《わけ》には行《ゆ》かんから、一番《ばん》に日本《にほん》の人民《じんみん》から改心《かいしん》いたして下《くだ》されたならば、世界中《せかいじゅう》の病《やまい》神《がみ》も往生致《おうじょういた》して、善《ぜん》に立復《たちかえ》らな仕様《しよう》が無《な》い事《こと》になるぞよ。神《かみ》は病直《やまいなお》し斗《ばか》りが目的《もくてき》では無《な》いぞよ。世界《せかい》を根本《こんぽん》から罪科《めぐり》を取《と》りて、世界中《せかいじゅう》を神国《しんこく》に致《いた》したいのが神《かみ》の大願《ねがい》であるぞよ。」艮《うしとら》の金神国常立尊《こんじんくにとこたちのみこと》は世界中《せかいじゅう》が万古末代《まんごまつだい》勇《いさ》んで暮《くら》す「ミロクの世《よ》に致《いた》したい」ので天《てん》の御先祖様《ごせんぞさま》の御命令《ごめいれい》を戴《いただ》きて今度世《こんどよ》に現《あら》はれたのであるから、今迄人民《いままでじんみん》の知《し》らぬ事《こと》であるから、疑《うたが》ふのは尤《もっと》もなれど、モウ世《よ》が迫《せま》りて来《き》て天《てん》の大神様《おほかみさま》の大変《たいへん》に御急《おんせ》き込《こみ》であるから、神《かみ》の申《もう》す内《うち》に一人《いちにん》でも早《はや》く改心《かいしん》いたして神《かみ》の柱《はしら》に成《な》って下《くだ》され、世界《せかい》たすける神《かみ》の御用《ごよう》に

☆このたすけ　どういふことであるならば　ほうそせんよのまむりづとめを　（13―114）

〇

〇神世《かみよ》に成《な》れば人民《じんみん》の寿命《じゅみょう》も永《なが》くなりて、世界《せかい》には罪《つみ》も汚《けが》れも無《な》き水晶同様《すいしょうどうよう》の世《よ》になりて、上下揃《うえしたそろ》ふて勇《いさ》むぞよ。人民《じんみん》の霊魂《みたま》は神《かみ》の直接《じきじき》の分霊《わけみたま》であるから、神《かみ》と同《おな》じやうに何時《いつ》までも生《い》き通《とお》しとなるぞよ。神《かみ》の神力《しんりき》は強《つよ》くなり、人民《じんみん》は穏《おだや》かになりて、末長《すえなが》き巌《いわ》に松《まつ》の代《よ》となるぞよ。早《はや》く世界《せかい》を立替《たてかえ》て、世界《せかい》の人民《じんみん》を助《たす》けたいと思《おも》へども、一《ひ》とつ世界《せかい》は大洗濯《おおせんたく》があるから、余程改心《よほどかいしん》いたして下《くだ》さらぬと神国《しんこく》のお土《つち》の上《うえ》には身魂《みたま》

を、おいて貰《もら》ふ事《こと》が出来《でき》んやうに成《な》るから、神《かみ》は世界中皆我児《せかいじゅうみなわがこ》であるから我子《わがこ》の難儀《なんぎ》を見《み》るのは辛《つら》いから、ドウゾ一時《じ》も早《はや》く今迄《いままで》の心《こころ》を持替《もちかえ》て神心《かみごころ》に復《かへ》りて居《お》りて下《くだ》され。一分《ぶ》一厘神《りんかみ》は嘘《うそ》は申《もう》さんぞよ。

☆まだたすけやまず　しなずによわらんの　しょふこまむりを　はやくやりたい
（13—115）

（四）月日の真実

「神《かみ》は日月也《かみなり》　陽陰也《かみなり》　火水也《かみなり》　幽体也《かみなり》　天地也《かみなり》」（王仁）

○今《いま》までは和光同塵《まぜこぜ》の世《よ》でありたから、日本《にほん》の元《もと》の真《まこと》の教《おしえ》は未《ま》だ出《だ》して無《な》かりたから、日本《にほん》も外国《がいこく》と同《おな》じ事《こと》になりて居《お》りたぞよ。今《いま》までの教《おしえ》は皆枝《みなえだ》の教《おしえ》でありたから、肝腎《かんじん》の根《もと》から解《わか》らなんだなれど神界《しんかい》の経綸《しぐみ》が成就《じょうじゅ》いたしたから、是《これ》からは真《まこと》の日月《かみ》が現《あら》はれて世界《せかい》一切《さい》の事《こと》を説《と》き聞《き》かすから、天地《てんち》の岩戸《いわと》が開《ひら》けると、ソコラ辺《あた》りがキラ〳〵致《いた》して改心《かいしん》の出来《でき》ん人民《じんみん》は、眼《め》を明《あ》けて居《お》れんほど明《あき》らかな神世《かみよ》になるぞよ。今迄《いままで》の教会《きょうかい》皆《みな》今度《こんど》の二度目《どめ》の世《よ》の立替《たてかえ》の先走《さきばし》りに天地《てんち》から出《だ》してあるので在《あ》るから、九分《ぶ》九厘《りん》までは解《わか》りて居《お》れども艮《とど》めの教《おしえ》は致《いた》して無《な》いから、肝腎《かんじん》の一厘《りん》の秘密《ひみつ》は何《ど》の神様《かみさま》も何《ど》の教祖《きょうそ》も解《わか》りては居《お》らんぞよ。誰《たれ》が何《な》んと申《もう》して頑張《がんば》りて見《み》ても、肝腎《かんじん》の一厘《りん》の経綸《しぐみ》が判《わか》らんから、今度《こんど》の世界《せかい》の艮《どど》めは刺《さ》せんぞよ。

☆いまゝでは　たすけいちじよと　まゝとけどはんしんじつを　しらぬことから

（8―22）

○

○今《いま》の人民《じんみん》は余《あま》り結構《けっこう》すぎて、元《もと》の天地《てんち》の神《かみ》の御恩《ごおん》と云《い》ふ事《こと》をチットも思《おも》はぬから、斯《この》世《よ》は人民斗《じんみんばか》りの力《ちから》で開《ひら》けたやうに、大《おお》きな取違《とりちが》いを致《いた》して居《お》るが、人民斗《じんみんばか》りで此広《このひろ》い天地《てんち》がドウシテ出来《でき》るかと云《い》ふ事《こと》を万物《ばんぶつ》の霊長《れいちょう》たる人間《にんげん》なれば、胸《むね》に手《て》を宛《あ》て思案《しあん》いたして見《み》るが良《よ》いぞよ。頭《あたま》の髪《かみ》の毛《け》一本《ぽん》でも人民《じんみん》の自由《じゆう》には成《な》ろまいがな。それじゃに由《よ》って世界《せかい》は皆神《みなかみ》の拵《こしら》えた物斗《ものばか》りであるぞよ。人民《じんみん》は皆我《みなわれ》の所有《もの》のやうに思《おも》ふて、田地《でんち》を求《もと》め家倉道具《いえくらどうぐ》なぞを立派《りっぱ》に飾《かざ》り立《た》て万古末代我《まんごまつだいわれ》の自由《じゆう》と思《おも》ふて居《お》るが、皆天地《みなてんち》の神《かみ》のものを使用《つかわ》さして貰《もろ》ふて居《お》るので在《あ》るから、今度《こんど》は一旦天地《たんてんち》へ還《かえ》さな成《な》らん事《こと》が出《で》て来《く》るから、人《ひと》を苦《くる》しめて迄強欲《までよく》を致《いた》すでないと申《もう》すのであるぞよ。天地《てんち》の出来《でき》るまでの天地《てんち》の先祖《せんぞ》の苦労《くろう》と申《もう》すものは、中々人民《なかなかじんみん》の智慧《ちえ》や学《がく》で考《かんが》えたとて、万分《まんぶん》の一も解《わか》らぬ苦労《くろう》で在《あ》りたぞよ。

☆このよふを　はじめだしたるしんじつを　みないちれつは　しよちせゑねば（8—27）

○

○綾部《あやべ》の大本地《おほもとち》の高天原《たかあまはら》に変性男子《へんじょうなんし》は日《ひ》の大神様《おほかみさま》の御守護《ごしゅご》、変性女子《へんじょうにょし》は月《つき》の大神様《おほかみさま》の御《ご》守護《しゅご》で堅横揃《たてよこそろ》ふて表《あら》はれて、三千世界《せかい》の錦《にしき》の機《はた》を織《お》らして神《かみ》が引添《ひっそ》ふて守護《しゅご》いたして、世界《せかい》の事《こと》を前《まえ》つくに知《し》らせども、今《いま》の人民《じんみん》は薩張《さっぱ》り身魂《みたま》が泥混《どろま》ぶれであるから、上《うえ》から下《した》まで盲《めくら》と聾《つんぼ》斗《ばか》りに成《な》り切《き》りて了《しも》ふて、神《かみ》の申《もう》す事《こと》は一つも耳《みみ》に這入《はい》らず、説《と》いて聞《き》かせば慢心《まんしん》いたして鼻《はな》の先《さき》であしらうなり。神《かみ》もモウ気《き》の附《つ》け様《よう》が無《な》いなれど、早《はよ》うから有難《ありがたい》と申《もう》して此大本《このおほもと》へ信心《しんじん》いたして居《お》る人《ひと》は、モウぼつぼつ解《わか》らんと世間並《せけんなみ》では約《つま》らんぞよ。昔《むかし》からの深《ふか》い因縁罪科《いんねんめぐり》のあるものから斯大本《このおほもと》へ神《かみ》が綱掛《つなか》けて引寄《ひきよ》せて在《あ》るから、早《はや》く改心致《かいしんいた》して神《かみ》の事《こと》がチットなり共判《ともわか》りて居《お》らんと世間《せけん》から此大本《このおほもと》は追々鼻高《おいおいはなだか》が集《よ》りて来《く》るから、尋《たず》ねられて返答《へんとう》に困《こま》るやうな事《こと》では恥《はづ》かしいから、今《いま》の内《うち》に変性男子《へんじょうなんし》の手《て》で書《か》かした筆先《ふでさき》を何度《なんべん》も繰返《くりかえ》して調《しら》べて見《み》て心《こころ》に十分《ぶん》の兵糧《ひょうろう》を貯《たくわ》えて置《おか》んと、肝腎《かんじん》の時《とき》に世界並《せかいなみ》では天地《てんち》へ対《たい》して申訳《もうしわけ》が無《な》いぞよ。三千世界《せかい》を助《たす》けたい斗《ばか》りに男子《なんし》と女子《にょし》との身魂《みたま》に苦労《くろう》が命《さ》してあるから、日々膝元《にちにちひざもと》に勤《つと》めて居《お》りて、其《その》心《こころ》が判《わか》らぬ如《よ》うな事《こと》でありたら盲《めくら》も同様《どうよう》であるぞよ。二十年余《ねんあま》りて神《かみ》の傍《そば》に居《お》りても心《こころ》に誠《まこと》が無《な》いから、何《なに》を為《し》て見《み》せても何《なに》を言《い》ふて聞《き》かしてやりても、何《なに》も判《わか》らんとは良《よ》うも是《これ》だけ曇《くも》りたものであるぞよ。神《かみ》も今《いま》の人民《じんみん》の悪渋《わるしぶ》というのには閉口致《へいこういた》すぞよ。

☆つきひには　たいてこゝろはつくせども　せかいぢゅは　まだせかいなみ　（8—34）

◯

◯昔《むかし》の斯世《このよ》の根本《こんぽん》を拵《こしら》えた真《まこと》の天地《てんち》の神《かみ》が地《ち》の高天原《たかあまはら》へ現《あら》はれて今迄《いままで》の人民《じんみん》にも枝《えだ》の神々《かみがみ》にも夢《ゆめ》にも解《わか》らぬ事《こと》を知《し》らすので在《あ》るから、人民《じんみん》に解《わか》らぬのも無理《むり》は無《な》いなれど、モウ時節《じせつ》が来《き》たから判《わか》らな判《わか》らんで良《よ》いと申《もう》して、放任《ほかし》ておくと云《い》ふ訳《わけ》には行《ゆ》かんから神《かみ》の申《もう》す事《こと》を誠《まこと》にして素直《すなお》に聞《き》いて其覚悟《そのかくご》を致《いた》して下《くだ》されたら国常立尊《くにとこたちのみこと》の生《い》き首《くび》でも与《や》ると申《もう》して出口直《でぐちなお》に請合《うけお》ふてあるぞよ。神《かみ》の申《もう》す事《こと》が違《ちご》ふ神《かみ》は世界《せかい》の人《じん》民助《みんたす》けたい斗《ばか》りに苦労《くろう》いたして何時《いつ》までもクドウ気《き》を附《つ》けるので在《あ》るぞよ。

☆これまでにないことばかり　ゆてきかし　しんじつよりの　たすけするぞや（8—30）

○

○世界《せかい》の人民《じんみん》よ今迄《いままで》の事申《こともう》して威張《いば》りて居《お》りても、今度《こんど》は時節参《じせつまい》りて二度目《どめ》の天《あま》の岩戸《いわと》が開《ひら》くのであるから、是《これ》までの事《こと》は用《もち》ゐんから、何《なに》ほど立派《りっぱ》な事申《こともう》して居《お》りても、今《こん》度《ど》の事《こと》には間《ま》に合《あ》はんぞよ。薩張《さっぱ》り斯世《このよ》が替《か》えるのであるから、何《なに》も彼《か》も上《うえ》へ下《した》へ物《もの》事替《ごとか》えて了《しま》うぞよ。

☆いまゝでに　見《み》えたることやあることは　そんなことをば　ゆふでないぞよ（8—29）

○

○斯神《このかみ》の取次《とりつ》きは慢神《まんしん》と取違《とりちが》いが一番恐《ばんこわ》いぞよ。人民《じんみん》は神《かみ》の使《つか》ふ道具《どうぐ》に致《いた》すのであるから、ソンナ利益《りやく》が現《あら》はれても取次《とりつ》ぎの力《ちから》で助《たす》かりたと思《おも》ふたらそれがエライ慢神取違《まんしんとりちが》いであるぞよ。皆神《みなかみ》が蔭《かげ》から手伝《てつど》ふて神力《しんりき》を見《み》せるので在《あ》るから、今迄《いままで》の教会《きょうかい》の如《よ》うに我《われ》の行力《ちから》で御利益《ごりえき》を信者《しんじゃ》に渡《わた》したやうに思《おも》ふとエライ慮見違《りょうけんちが》いであるぞよ。人民《じんみん》の致《いた》す事《こと》は九分《ぶ》九厘《りん》で何事《なにごと》も手《て》の掌《ひら》が覆《かへ》りて肝腎《かんじん》の艮《とど》めに刺《さ》せんぞよ。神《かみ》が構《かま》はな我《われ》の指《ゆび》一本《ぽん》も動《うご》かす事《こと》は出来《でき》んぞよ。神《かみ》の教《おしえ》さえ腹《はら》え入《い》れてありたら、ドンナ病神《やまいがみ》でも逃《に》げて了《しま》ふから、今《いま》までのやふに拝《おが》みや祈祷《きとう》で病気《びょうき》は直《なお》りは致《いた》さんから、第《だい》一番《ばん》に神《しん》国《こく》の教《おしえ》を説《と》いて聞《き》かして改心《かいしん》さして与《や》るのが、神《かみ》の取次《とりつ》ぎの誠《まこと》の御用《ごよう》であるぞよ。

☆どのよふな　たすけするのも　ひとなみの　よふなることは　ゆうでないから

（8―28）

○悪神《あくがみ》と四ッ足《あし》の眷族《けんぞく》とが覇張《はば》りた、暗黒《くらがり》の世《よ》の中《なか》に育《そだ》ちた人民《じんみん》は元《もと》の神《かみ》から貰《もろ》ふた生《きっ》粋《すい》の霊主体従《ひのもと》の日本魂《やまとだましい》が曇《くも》りて居《お》るから、日々危《にちにちあぶ》ない道《みち》を歩《ある》いたり、細《ほそ》い綱《つな》を渡《わた》りて近道《ちかみち》をしょうと致《いた》したり剣《つるぎ》の林《はやし》の真中《まんなか》を向《むこ》ふ見《み》ずに裸体《はだか》で平気《へいき》で通《とお》ろうと為《し》て居《い》るもの斗《ばか》りで在《あ》るから、前《さき》の見《み》え透《す》く神《かみ》の眼《め》からは井戸《いど》の端《ふち》に茶碗《ちゃわん》を並《なら》べた如《ごと》く、ヒヤヒヤいたして見《み》て居《お》れんから、怪我《けが》の無《な》い末代動《まつだいうご》かぬ善《ぜん》の道《みち》を知《し》らして与《や》れども、今《いま》の人民《じんみん》は疑《うたが》いが強《きつ》うて、神《かみ》の申《もう》す事《こと》は相手《あいて》に致《いた》さぬやうなエライ途中《とちゅう》の鼻高《はなだかばか》斗りであるから、其高《そのたか》い鼻《はな》が眼《め》の邪魔《じゃま》になり、上《うえ》も見《み》えず、脚下《あしもと》は猶《な》ほ見《み》えぬから、転落《ひっくりかへ》る所《とこ》まで気《き》が付《つ》かぬが、誠《まこと》に気《き》の毒《どく》なもので在《あ》るぞよ。

☆つきひより　こわきあぶなきみちすじを　あんじてゐれど　めいくしらず。（8―63）

〇

〇今《いま》までに世《よ》の立替《たてかえ》が在《あ》る故《ゆへ》に、国々所々《くにぐにところどころ》に神柱《かみばしら》を立《た》て、世界《せかい》の事《こと》を前《まえ》に知《し》らして在《あ》るなれど、肝腎《かんじん》の一厘《りん》の大事《だいじ》の秘密《ひみつ》は未《ま》だ是《これ》まで出《だ》した教祖《きょうそ》にも取次《とりつ》ぎにも知《し》らして無《な》いぞよ。モウ延引《のっぴき》ならぬ時節《じせつ》が来《き》たから、是《これ》からは身魂《みたま》さへ研《みが》けたならば真実《まこと》の経綸《しぐみ》の奥《おく》を知《し》らして、三千世界《せかい》の宝《たから》といたすから、早《はや》く改心《かいしん》いたして神心《かみごころ》に成《な》りて、真実《まこと》の神国《しんこく》成就の御用《ごよう》を致《いた》して下《くだ》され、神《かみ》は誠《まこと》の人民《じんみん》が頼《たよ》（他寄《たよ》）りなり、人民《じんみん》は神《かみ》を力《ちから》に致《いた》すなり、持《も》ちつ持《も》たれつの斯世《このよ》であるぞよ。

☆いまゝでは神《かみ》があらわれ　でたるとて　まだしんじつを　しりたものなし。（5―46）

〇

〇斯《こ》の神《かみ》の申《もう》す事《こと》を誠《まこと》に致《いた》して改心《かいしん》さえ出来《でき》たなら、此先《このさき》で何事《なにごと》が天地《てんち》から始《はじま》り来《き》ても、大地震《おおじしん》の中《なか》でも、大洪水《だいこうずい》の中《なか》でも、火《ひ》の中《なか》でもビクとも致《いた》さずに、安全《らく》にしのげる丈《だけ》の神徳《しんとく》を渡《わた》すから、大丈夫《だいじょうぶ》であるぞよ。

☆このさきは　どのよふなことも神術《しんじつ》を　おしへておいた　ことであるなら　（5―47）

〇

〇曙《あけ》の烏《からす》に近寄《ちかよ》りて日《ひ》の出《で》の守護《しゅご》となりて来《き》たから、モウ是《これ》からは昔《むかし》の元《もと》の天地《てんち》の先祖《せんぞ》の経綸通《しぐみどお》りに、自由自在《じゆうじざい》に世界《せかい》を立替立直《たてかえたてなお》して、元《もと》の神代《かみよ》に世《よ》を戻《もど》すぞよ。珍《めずら》しき事《こと》が綾部《あやべ》に出来《でき》るぞよ。後《あと》にも前《さき》にも末代《まつだい》に一度《ど》より無《な》き結構《けっこう》を致《いた》して、世界《せかい》へ善《ぜん》の鏡《かがみ》を出《だ》すぞよ。開《ひら》いた口《くち》が閉《すぼ》まらぬ。牛《うし》の糞《くそ》が天下《てんか》を取《と》ると云《い》ふ譬《たと》えがあろうがな。今度《こんど》の立替立直《たてかえたてなお》しに付《つい》ての珍《めずら》しき事《こと》の出来《しゅったい》する譬《たと》えであるぞよ。

☆それからは　かみのはたらき　なにもかも　じうよじざいを　してみせるでな　（5―48）

○

○昔《むかし》から神《かみ》は物《もの》は言《い》はなんだぞよ。世《よ》の替《かわ》り目《め》、神《かみ》が憑《うつ》りて世界《せかい》の事《こと》を知《し》らさな成《な》らんから、天《あま》の岩戸《いわと》を開《ひら》いて、世《よ》を元《もと》に還《もど》して、帰神《かんがかり》を綾部《あやべ》の大本高天原《おほもとたかあまはら》で修行《しゅぎょう》をさして、誠《まこと》の解《わか》る結構《けっこう》な神徳《しんとく》を授《さず》けて、世界《せかい》の人民《じんみん》の霊魂《みたま》審判《あらため》を致《いた》すぞよ。是《これ》には審神者《さには》も沢山《たっぴつ》に要《い》るぞよ、狐《きつね》や狸《たぬき》の四ツ足《あし》は今迄誰《いままでたれ》にも憑《うつ》りたなれど、今度《こんど》の世《よ》の立替《たてかえ》に付《つ》いて二度目《どめ》の岩戸《いわと》を開《ひら》かねば成《な》らぬから、神《かみ》から許《ゆる》して誠《まこと》の者《もの》に神憑《かんがかり》の修行《しゅぎょう》を為《さ》して、斯世《このよ》の柱《はしら》に使《つか》ふ世《よ》に成《な》りたぞよ。今迄《いままで》の事申《こともう》して疑《うたご》ふて居《お》りた人民《じんみん》は気《き》の毒《どく》があるぞよ。今度《こんど》の事《こと》は天地《てんち》の神《かみ》が直接《じきじき》に致《いた》す事《こと》で在《あ》るから、今迄《いままで》の教祖《きょうそ》も取次《とりつ》ぎもチットも知《し》らして無《な》い事《こと》であるぞよ。誠《まこと》の神憑《かんがかり》を拵《こしら》えるのは綾部《あやべ》の大本龍門館《おほもとりゅうもんやかた》の高天原《たかあまはら》より外《ほか》には、斯《こ》んな結構《けっこう》な霊地《れいち》は無《な》いぞよ。地《ち》の世界《せかい》の本《もと》は綾《あや》に畏《かし》こき綾部《あやべ》の本《もと》の宮《みや》、神宮坪《しんぐうつぼ》の内《うち》、是《これ》を知《し》りた人民今《じんみんいま》に無《な》いから、出口直《でぐちなお》が可《よ》い加減《かげん》な事《こと》を肉体《にくたい》で書《か》くやうに申《もう》して、燈台下《とうだいもと》は真暗黒《まっくらがり》、遠国《えんごく》から明《あか》りが差《さ》して脚下《あしもと》はアフンと致《いた》さな成《な》らんやうになると申《もう》して、毎度筆先《まいどふでさき》で気《き》を附《つ》けてあるぞよ。毛筋《けすじ》も間違《まちが》いの無《な》き事《こと》であるぞよ。

☆このよふを　はじめてからにないことを　どんなことをも　おしえたいから（12―138）

☆このよふの　ほんもとなるのしんじつを　しいかりしよち　せねばいかんで（12―139）

編者曰「天理教神諭《てんりきょうしんゆ》以下《いか》二十三首《しゅ》あれ共複雑《どもふくざつ》なれば後日《ごじつ》に譲《ゆず》る」

（五）神の心

○昔《むかし》の元《もと》の天地《てんち》の生神《いきがみ》が現《あら》はれて、三千世界《せかい》の祭政《よ》の改革《たてかえ》を致《いた》すに就《つ》いては、昔《むかし》から因縁《いんねん》ある身魂《みたま》を世界《せかい》の大本《おほもと》へ引寄《ひきよ》して、それ〴〵に神界《しんかい》の御用《ごよう》を命《さ》せねばならぬから、神《かみ》はいろ〳〵と致《いた》して綱《つな》を掛《か》けて居《お》れども、今《いま》の人民《じんみん》は薩張《さっぱ》り外国魂《がいこくだま》に化《ば》かされて居《お》るから何程神《なにほどかみ》から気附《きづ》けいたしてもチットも能《よ》う了解《わけ》ん、神界《しんかい》の仕組《しぐみ》が遅《おく》れ、世界《せかい》の人民《じんみん》が永《なが》らく苦《くる》しむから、一日《にち》も早《はや》く鎮魂修業《たまをみがい》て神界《しんかい》の様子《ようす》が解《わか》るやうに成《な》りて貰《もら》はんと、神《かみ》も世界《せかい》の人民《じんみん》も大変《たいへん》に苦労《くろう》をいたすぞよ。

☆にち〳〵に　みにさはりつく　またきたか　かみのまちかね　これをしらずに

（4―13）

○

○人民《じんみん》は神《かみ》の誠《まこと》の御子《みこ》で在《あ》るから、病神《やまひがみ》などに自由《じゆう》に悩《なや》められる様《よう》なものでは無《な》けれども、今《いま》の人民《じんみん》は薩張《さっぱ》り心《こころ》が間違《まちご》ふて了《しも》ふて居《お》るから、病神《やまいがみ》に自由自在《じゆうじざい》に為《し》られて、医《い》者《しゃ》や薬《くすり》と申《もう》して八釜《やかま》しう申《もう》せども、皆因縁《みないんねん》が巡《めぐ》りて来《く》るので在《あ》るから、神《かみ》に縋《すが》りて改《かい》心《しん》さえ致《いた》せば病《やまい》なぞは恐《おそ》れて能《よ》う肉体《にくたい》に立寄《たちよ》らんぞよ。今《いま》の人民《じんみん》は誠《まこと》の霊主体従《ひのもと》の日《やま》本魂《とだましい》が無《な》くなりて居《お》るから、何《な》んでも無《な》い悪神《あくがみ》に玩具《おもちゃ》に為《し》られるので在《あ》るから、神《かみ》が縋《すが》りて来《く》る人民《じんみん》には神徳《しんとく》を授《さず》けて病《やまい》の根《ね》を切《き》らすぞよ。斯神《このかみ》は人民《じんみん》の病《やまい》を癒《なお》すのが目《もく》的《てき》では無《な》いぞよ。天地《てんち》の大病《おほやまい》、世界《せかい》の国《くに》の大病《おほやまい》を癒《なお》すのが目的《もくてき》で在《あ》れども国《くに》の病《やまい》を直《なお》すに就《つ》いては、誠《まこと》の人民《じんみん》を道具《どうぐ》に使《つか》はねば成《な》らぬから、誠《まこと》の心《こころ》の人民《じんみん》なら悩《なや》まされて居《お》る病《やまい》を助《たす》けて改心《かいしん》さした其《そ》の上《うえ》で、神界《しんかい》の大望《たいもう》な御用《ごよう》に使《つこ》ふて、万古末代名《まんごまつだいな》の残《のこ》る手柄《てがら》をさすぞよ。それで病気《やまい》は御神徳《をかげ》の初《はじま》りじゃと申《もう》すので在《あ》るぞよ。今《いま》の人民病気《じんみんやまい》が無《なか》りたら神《かみ》にすがる者《もの》は無《な》いから、病《やまい》で苦《くる》しみて居《お》るのも都合《つごう》の在《あ》る事《こと》であるぞよ。

☆いかなるの　やまいとゆうてないけれど　みにさわりつく　かみのよふむき（4―25）

○神《かみ》の仕組《しぐみ》で大本《おほもと》へ引寄《ひきよ》せられて居《お》りても、我《われ》が我《われ》の御用《ごよう》が解《わか》らんやうに致《いた》して神《かみ》が御《ご》用《よう》に使《つこ》ふて居《お》るから、一寸思《ちょっとおも》へば便《たよ》り無《な》いやうに在《あ》れども、サア今《いま》と云《い》ふ処《とこ》に成《な》るまでは、経綸《しぐみ》の邪魔《じゃま》に成《な》りては成《な》らんから、其人《そのひと》に判《わか》らぬやうに致《いた》して置《お》いて御用《ごよう》がさしてあるから、気永《きなご》う心《こころ》を穏《おだや》かに持《も》ち直《なお》して、取越《とりこ》し苦労《くろう》を致《いた》さぬやうに、神《かみ》から命《めい》令《れい》を下《さ》げるまでは、何《なん》なりと致《いた》して居《お》りて下《くだ》されよ。三千世界《せかい》の立替《たてかえ》であるから何《ど》んな道具《どうぐ》も寄《よ》せてあるから、此《こ》の経綸《しぐみ》が判《わか》りて来《き》かけたら我《われ》も私《わし》もと申《もう》して、方々《ほうぼう》から金銀《きんぎん》を積《つ》んで御用《ごよう》を為《さ》して下《くだ》されと申《もう》して皆《みな》が出《で》て来《く》るなれど、今度《こんど》の事《こと》は因縁《いんねん》の身《み》魂《たま》で無《な》いと、金銀《きんぎん》や智慧《ちえ》や学《がく》では出来《でき》ん御用《ごよう》であるから、大分慮見《だいぶんりょうけん》の違《ちが》ふ御方《おかた》が出《で》来《き》るぞよ。

○

☆よふむきも　なんのことやら　ちょとしれん　かみのおもわく　やま〱のこと

○今度《こんど》の仕組《しぐみ》が天晴《あっぱ》れ世界《せかい》へ判《わか》りて来《き》たら、余《あま》り結構《けっこう》な事《こと》で在《あ》るから、誰《たれ》も彼《か》も世界《せかい》一同勇《どういさ》むぞよ。神《かみ》は満足《まんぞく》、誠《まこと》の人民《じんみん》は誠《まこと》に結構《けっこう》な事《こと》と申《もう》して、キリ〱舞《まい》を致《いた》して歓《よろこ》ぶぞよ。何《な》んとした結構《けっこう》な世《よ》になりたじゃろうと申《もう》して世界平和《せかいおだやか》、末永《すえなが》き松《まつ》の神代《かみよ》に相成《な》るぞよ。（4—26）

☆なにもかも　かみのおもわく　なににても　みなといたなら　こゝろいさむで　（4—27）

☆だん〱と　なにもおもわく　ときされば　みのうちよりも　すきやかになる　（4—28）

○今《いま》の世界《せかい》の人民《じんみん》はウジャルほど沢山《たくさん》に在《あ》れども、世《よ》の末《すえ》であるから、皆悪神《みなあくがみ》の容器《いれもの》に為《し》られて居《お》るから、何程真実《なにほどまこと》を云《い》ふてやりても、実地《じっち》の事《こと》を見《み》せてやりても疑《うたご》ふてチットも真実《ほんま》に致《いた》さんから神《かみ》は却々骨《なかなかほね》が折《お》れるなれど、誠《まこと》の者《もの》は今《いま》の世界《せかい》には只《ただ》の一人《にん》も在《あ》りは為《せ》ぬから、神《かみ》は残念《ざんねん》なれど、天《てん》の大神様《おほかみさま》の御急《おせ》き込《こ》みが厳《きび》しいから、二度目《どめ》の世《よ》の天《てん》の規則通《きそくどお》りに埒能《らちよ》く致《いた》すよりモウ何《ど》う仕様《しよう》も無《な》いから、何時《いつ》ドコから何《なに》を初《はじ》めるやら判《わか》らんから、そうなりてからの改心《かいしん》はモウ遅《おそ》いから、是《これ》まで神《かみ》が執念強《くど》う気《き》を付《つ》けたら、世界《せかい》から何事《なにごと》が出《で》て来《き》ても、神《かみ》と出口《でぐち》に不足《ふそく》は申《もう》されまいぞよ。神《かみ》の心《こころ》と今《いま》の人民《じんみん》の心《こころ》とは全然反対《さっぱりはんたい》であるぞよ。今《いま》の人民《じんみん》の如《よ》うな鬼《おに》か大蛇《おろち》のやうな精神《せいしん》では、慈悲深《なさけふか》き天地《てんち》の御先祖様《ごせんぞさま》の御神慮《おこころ》は汲《く》み取《と》れん筈《はず》であるぞよ。何程可愛《なにほどかわい》さうでも、神《かみ》は高見《たかみ》から見物《けんぶつ》いたさうより仕様《しよう》が無《な》い事《こと》に成《な》りて来《き》たぞよ。それでも世界《せかい》の人民《じんみん》は皆神《みなかみ》の大事《だいじ》の子《こ》であるから、一人《にん》なりと改心《かいしん》さして助《たす》けたさに日日《ひにち》を延《の》ばして来《き》たなれど、モウ絶対《ぜったい》の世《よ》が参《まい》りたから可愛想《かあいそう》でも仕方《しかた》がないぞよ。

☆せかいぢう　おふくのひとであるけれど　かみのこゝろを　しりたものなし（4—30）

☆このたびは　かみのこゝろのしんじつを　なにかいさいを　みなおしへるで（4—31）

☆いちれつの　こどもかわいゝそれゆへに　いろ〳〵こゝろ　つくしきるなり（4—63）

◯

◯世界《せかい》の人民《じんみん》は皆神《みなかみ》の子《こ》で在《あ》るから、一人《にん》なりとも早《はや》く誠《まこと》を言《い》ふて聞《き》かして、誠《まこと》の行《おこな》いをさして、天地《てんち》の御先祖様《ごせんぞさま》の御気勘《ごきかん》に叶《かな》ふやうに致《いた》したいと思《おも》ふて、此世《このよ》の守護《しゅご》を預《あず》かりた鬼門《きもん》の生神国常立尊《いきがみくにとこたちのみこと》と現《あら》はれて、昔《むかし》の神代《かみよ》からの因縁将来《いんねんしょうらい》を噛《か》んで含《ふく》める様《よう》に細《こま》こう説《と》いて聞《き》かせども、親《おや》の心《こころ》は子《こ》知《し》らずで在《あ》るから、何程此方《なにほどこのほう》が急《せ》き込《こ》みたとて、馬《うま》の耳《みみ》に風《かぜ》の当《あた》る如《ごと》く悪胴《わるどう》を据《す》えて、そんな事《こと》が万一《もし》も出来《でき》て来《き》たら世間並《せけんなみ》じゃと糞度胸《くそどきょう》を据《す》えて居《お》るなれどサア今《いま》となりた折《おり》には度胸《どきょう》すえ所《ところ》か、吃驚虫《びっくりむし》が飛《と》んで出《で》て、ギリ〳〵悶《もだ》えてアフンと致《いた》して開《ひら》いた口《くち》は閉《すぼ》まらず、閉《すぼ》めた口《くち》は開《あ》かんやうに成《な》りて往生《おうじょう》を致《いた》して苦《くる》しむのが神《かみ》は前《さき》に判《わか》りて居《お》るから、我子《わがこ》の難儀《なんぎ》するのを見《み》る親《おや》の心《こころ》は堪《たま》らんから、二十年余《ねんあま》りて日々《にちにち》同《おな》じ事《こと》を筆先《ふでさき》に書《か》いて知《し》らしたなれど、今《いま》の人《じん》民《みん》は到底神《とうていかみ》の心《こころ》は判《わか》りは致《いた》さんから、神《かみ》も残念《ざんねん》で在《あ》れども、今《いま》の世界《せかい》の人民《じんみん》には神《かみ》も往生《おうじょう》いたすぞよ。能《よ》うも是《これ》だけ悪神《あくがみ》に欺《だま》されたもので在《あ》るぞよ。

☆このこども　なにもおしへてはやく〳〵と　かみのこゝろの　せきこみをみよ（4―64）

○今《いま》まで世《よ》に落《お》ちて居《お》りた力《ちから》の在《あ》る九万《まん》九億《おく》の枝《えだ》の神《かみ》を、今度《こんど》の二度目《どめ》の世《よ》の立替《たてか》へに、現世《このよ》へ上《あ》げて祭《まつ》りを致《いた》さねば、現世《このよ》は何時《いつ》までも誠《まこと》の守護《しゅご》が無《な》いから、天下泰平《てんかたいへい》に世《よ》が治《おさ》まらんから、一番《ばん》に子《こ》の神々《かみがみ》を世《よ》に上《あ》げるから、世界《せかい》は神《かみ》の上《あが》り下《お》りで大混雑《だいこんらん》があるぞよ。艮《うしとら》の金神《こんじん》は独《ひと》り世《よ》に出《で》て覇張《はば》るので無《な》いぞよ。今《いま》まで世《よ》に落《お》ちて居《お》れた神々《かみがみ》を世《よ》にあげて、人民《じんみん》を助《たす》けて神国《しんこく》の世《よ》に立替《たてか》えて、幽顕《せかい》両界の栄《さか》えるのを第《だい》一番《ばん》の願《ねが》いであるぞよ。

☆だん〳〵と　こどものしゆせ　まちかねる　かみのおもわく　こればかりなり

○

（4―65）

○今《いま》まで神力《しんりき》の在《あ》る生神《いきがみ》は皆世《みなよ》に落《お》ちて、世界《せかい》の陰《かげ》から調査《あらため》を致《いた》して御座《ござ》ったから、斯《この》世《よ》の事《こと》に何《なに》一つ御存《ごぞん》じの無《な》いと言《い》ふ事《こと》は無《な》いから、一日《にち》も早《はや》く帰神《かんがかり》の道《みち》で表《おもて》へ上《あ》げて、それ〳〵に名《な》を附《つ》けて下《くだ》さりたなれば、今度《こんど》は誠《まこと》の生神《いきがみ》が働《はたら》いて、外国《から》も天竺《てんじく》も一つに丸《まる》めて、日本《にほん》の国《くに》の末代続《まつだいつづ》く神《かみ》の王《おう》で、三千世界《せかい》を治《おさ》める神代《かみよ》からの仕組《しぐみ》の成就《じょうじゅ》する時節《じせつ》になりて来《き》たから、日本《にほん》の守護神《しゅごじん》も所々《ところどころ》の産土神様《うじかみさま》も力《ちから》一杯《ぱい》御働《おはたら》きなされたならば、今度《こんど》は昔《むかし》からない御出世《ごしゅつせ》をさしますから、一日《にち》も早《はや》く世《よ》に出《で》て居《お》れる神様《かみさま》は、一生懸命《しょうけんめい》に今度《こんど》の大望《たいもう》にお働《はたら》きなされよ。今《いま》に世界《せかい》は日本《にほん》の一《ひ》とつの神《かみ》の王《おう》の経綸《しぐみ》で外国《がいこく》を従《したが》はすぞよ。

☆こどもさへ　はやくおもてへだしたなら　からをにほんの　ちいにするなり（4―66）

○

○日本《にほん》の人民《じんみん》は神《かみ》の御用《ごよう》を致《いた》さす神《かみ》の直接《じきじき》の分霊《わけみたま》であるから、今度《こんど》は余程《よほど》しっかりと身《み》魂《たま》を研《みが》いて置《お》かんと、神《かみ》の血筋《ちすじ》と申《もう》す人民《じんみん》、腹帯《はらおび》が緩《ゆる》んだら外国人《がいこくじん》に恥《は》ずかしい事《こと》が出来《しゅったい》いたすぞよ。日本《にほん》の人民《じんみん》は皆神《みなかみ》の胤《たね》、神《かみ》の経綸《しぐみ》の身魂《みたま》であるぞよ。神《かみ》は急《せ》けるぞよ。早《はや》く身魂《みたま》を研《みが》ひて神《かみ》の心《こころ》に成《な》りて下《くだ》され、取返《とりかえ》しの付《つ》かぬ事《こと》が出来《でき》ては成《な》らんから、是《これ》だけ執念強《くど》う何時《いつ》までも同《おな》じ様《よう》な事《こと》を、腹《はら》が立《た》つほど気《き》を附《つ》けるのであるぞよ。神《かみ》は人民《じんみん》の浅《あさ》い心《こころ》で考《かんが》えても末代《まつだい》かゝりて調《しら》べても人民力《じんみんりき》で判《わか》りもせんし、見当《けんとう》も取《と》れん深《ふか》い経綸《しぐみ》が致《いた》して在《あ》りての、今度《こんど》の二度目《どめ》の天《あま》の岩戸《いわと》開《びら》きであるから一寸《ちょっと》やソットの仕組《しぐみ》でないから、素直《すなお》にいたして疑《うたが》いを去《ほか》して真心《まごころ》になりて、神《かみ》の申《もう》す様《よう》に致《いた》すが徳《とく》であるぞよ。

☆しんじつに　こどものこゝろしかとせよ　かみのこゝろは　せくばかりやで（4—67）

☆にちくに　かみのこゝろのしんじつは　ふかいおもわく　あるとおもへよ（4—68）

○正月元朝寅《しょうがつがんちょうとら》の刻《こく》、三千世界《せかい》一度《ど》に開《ひら》く梅《うめ》の花《はな》、艮《うしとら》の金神《こんじん》の世《よ》に成《な》りたぞよ。須《しゅ》弥仙山《みせんざん》に腰《こし》を掛《か》け、三千世界《せかい》を守《まも》るぞよと申《もう》して出口《でぐち》の口《くち》を借《か》りて斯世《このよ》へ出《で》たのは、昔《むかし》の神代《かみよ》からの因縁時節《いんねんじせつ》でありたぞよ。是《これ》には深《ふか》い因縁《いんねん》の在《あ》る事《こと》ぞよ。今《いま》は言《い》はれぬ、世《よ》が治《おさ》まりたら何彼《なにか》の事《こと》を説《と》いて聞《き》かせば、如何《どん》なものでも明《あ》いた口《くち》が閉《ふさ》がらぬ事《こと》であるぞよ。三千世界《せかい》に外《ほか》に無《な》い珍《めずら》しき事斗《ことばか》りであるぞよ。正月三日《しょうがつのみっか》に艮《とど》め刺《さ》すぞよ。毛筋《けすじ》も間違《まちが》い無《な》い事《こと》であるぞよ。

☆ちよとはなし　正月さんじゅうにちとひを　きりておくるも　かみのこゝろからと
て　（1―39）

〇

〇神《かみ》と申《もう》すものは昼夜《ひるよる》の別《わか》ちも無《な》しに、世界《せかい》の人民《じんみん》を助《たす》けたい斗《ばか》りが一心《しん》であるから、昔《むかし》から郭公姿《ほととぎすすがた》を隠《かく》して守護致《しゅごいた》して居《お》るから人民《じんみん》は神《かみ》の心《こころ》を汲取《くみと》りて神《かみ》の行《おこな》ひ致《いた》して、世界《せかい》の御用《ごよう》に立《た》ちて呉《くれ》ねば、何《なん》ぼ神《かみ》でも神《かみ》だけでは十分《ぶん》の事《こと》が出来《しゅったい》せぬから、神《かみ》と人《じん》民《みん》と心《こころ》が一とつにならねば斯世《このよ》は何時《いつ》までも治《おさ》まらんぞよ。神《かみ》ありての人民《じんみん》、人民《じんみん》ありての神《かみ》であるぞよ。持《も》ちつ持《も》たれつの斯世《このよ》であるぞよ。

☆にちくにおやのしやんといふものは　たすけるもよふ　ばかりおもてる　（14―35）

〇

〇昔《むかし》から世《よ》に落《お》ちて守護《しゅご》いたして居《お》りた、天地《てんち》の根本《こんぽん》の神《かみ》が、世界《せかい》の中心綾部《まんなかあやべ》の本宮《ほんぐう》の神屋敷《かみやしき》に現《あら》はれて、三千世界《せかい》の守護《しゅご》を致《いた》す世《よ》が参《まい》りたから、変性男子《へんじょうなんし》の御魂《みたま》の宿《やど》りて居《お》る出口直《でぐちなお》の体内《たいない》を籍《か》りて、世界《せかい》を助《たす》けるために、咽《のど》から血《ち》を吐《は》くやうな辛《つら》い目《め》を命《さ》して神《かみ》が憑《うつ》りて何彼《なにか》の事《こと》を知《し》らせども、燈台下《とうだいもと》は真《しん》の暗《やみ》、何《な》んぞ山子《やまこ》でも致《いた》して居《お》るか、飯綱《いいづな》でも使《つこ》ふて悪《わる》き事《こと》をいたす様《よう》に、大《おお》きな取違《とりちが》いを致《いた》して居《お》るから、斯《こ》んな結構《けっこう》な神界《しんかい》の仕組《しぐみ》が汲取《くみと》れんから、脚下《あしもと》は未《ま》だ隣《とな》り知《し》らずで誠《まこと》に気《き》の毒《どく》なもので在《あ》るぞよ。出口直《でぐちなお》を余《あま》り世《よ》に落《おと》して御用《ごよう》に使《つこ》ふて居《お》るから、世間知《せけんし》らずの近慾《ちかよく》な人民《じんみん》には何《なに》も判《わか》らんのであるぞよ。遠国《えんごく》から誠《まこと》の事《こと》が判《わか》りて来《き》て、膝下《ひざもと》はアフンと致《いた》すぞよと毎度《まいども》申してあるが、今其《いまそ》の通《とう》りが来《き》て居《お》ろうがな。神《かみ》が一度《ども》申した事《こと》も筆先《ふでさき》に出《だ》した事《こと》も、チットは遅《おそ》し速《はや》しは在《あ》るなれど、何事《なにごと》も皆《みな》その通《とお》りに成《な》りて来《く》るぞよ。昔《むかし》から未《ま》だ是《これ》までに聞《き》いた事《こと》も無《な》いやうな大望《たいもう》なことばかりで在《あ》るから、世界《せかい》の人民《じんみん》も中《なか》には疑《うたご》ふて色々《いろいろ》と悪《わる》く申《もう》すものが彼方此方《あちらこちら》に出来《でき》てくるなれど、何事《なにごと》も神《かみ》の経綸《しぐみ》であるから、チットも心配《しんぱい》は要《い》らぬぞよ。色々《いろいろ》と悪魔《あくま》が邪魔《じゃま》を致《いた》せども、斯大本《このおほもと》の中《なか》さえ水晶《すいしょう》で在《あ》りたら何《いず》れは解《わか》りて来《く》るから、世界《せかい》の人民《じんみん》が何事《なにごと》を申《もう》して邪魔《じゃま》いたしても困《こま》りは致《いた》さんぞよ。一とつの節《ふし》が出《で》て来《く》る毎《たび》に結構《けっこう》な芽《め》の吹《ふ》く大本《おほもと》の経綸《しぐみ》であるから、小《ちい》さい心《こころ》の人民《じんみん》は恐《こわ》がりて能《よ》う附《つ》いて来《こ》んやうに成《な》るぞよ。神《かみ》が表《おもて》に成《な》りたから、何事《なにごと》ありても別条《べつじょう》は無《な》いぞよ。誠《まこと》ほど強《つよ》いものは無《な》いぞよ。

☆それしらず　みなせかいじゅういちれつに　なんど　あしきのよふにおもふて　（14—36）

（六）神は元の地場を知らせたい一条

○綾部町本宮《あやべちょうほんぐう》、神宮坪《しんぐうつぼ》の内《うち》、神《かみ》に昔《むかし》から因縁《いんねん》の在《あ》る結構《けっこう》な神代《かみよ》の元《もと》の霊地《ばしょ》であるから、明治《めいじ》二十五年《ねん》から神界《しんかい》の経綸《しぐみ》で世界《せかい》一切《さい》の大本《おほもと》と相定《あいさだ》まりたから、八百万《みな》の神《かみ》を集《あつ》めて世《よ》の立替《たてかえ》の本《もと》を初《はじ》める所《ところ》であるから、人民《じんみん》では見当《けんとう》の取《と》れん処《とこ》であるぞよ。神宮坪《しんぐうつぼ》の内《うち》に御《ご》三体《たい》の御宮《おみや》を建《た》てゝ、天《てん》の大神様《おほかみさま》を御祭《おまつ》り申上《もうしあ》げてあるのは、毎年旧《まいねんきゅう》七月《がつ》七日《なのか》に、天地《てんち》の大神《おほかみ》が御相談遊《ごそうだんあそ》ばす元《もと》の場所《ばしょ》、陸《あげ》の龍宮館《りゅうぐうやかた》と相定《あいさだ》まりたからの事《こと》であるぞよ。珍《めずら》しき所《ところ》であるぞよ。今斯《いまこ》んな事《こと》を申《もう》しても誰《たれ》も誠《まこと》には致《いた》さねども、先《さ》きを見《み》て居《い》て下《くだ》さりたら何《なに》も彼《か》も日《ひ》の出《で》の守護《しゅご》となるから、明白《ありやか》に分《わか》り来《く》るぞよ。時節《じせつ》を待《ま》つより仕様《しよう》がないぞよ。

☆つきひより　さんじゅはちねんいぜんにて　あまくだりたるもとのいんねん（7—1）

☆つきひより　そのいんねんがあるゆへに　なにかいさいをはなしたいから　（7—2）

◯

○日本《にほん》は神国神《しんこくかみ》の守護《しゅご》いたす結構《けっこう》な国《くに》で在《あ》るから、外国《がいこく》の真似《まね》は出来《でき》ぬ国《くに》であるのに、世《よ》に出《で》て居《お》れる守護神《しゅごじん》も、上《うえ》に立《た》ちて居《お》る人民《じんみん》も外国《がいこく》の教《おしえ》が結構《けっこう》と申《もう》して喜《よろこ》びて居《お》るから、日本《にほん》の元《もと》の因縁《いんねん》が解《わか》らぬから、外国《がいこく》と同《おな》じやうに思《おも》ふて居《お》るから、大間違《おおまちが》いが出来《でき》て来《き》て、こんな約《つま》らん畜生国同様《ちくしょうくにどうよう》に世《よ》を乱《みだ》らして了《しも》ふて、天地《てんち》の御先祖様《ごせんぞさま》へドウして申訳《もうしわけ》をいたすのじゃ。日本《にほん》の神《かみ》の因縁《いんねん》が判《わか》る人民《じんみん》がチットでも在《あ》りたら、茲《ここ》まで世《よ》が曇《くも》りは致《いた》さんなれど、薩張《さっぱ》り日本《にほん》の国《くに》は上《かみ》から下《しも》まで人民《じんみん》の心《こころ》が外国魂《がいこくだま》に化《な》り切《き》りて居《お》るから、斯《こ》んな醜《みぐ》るしき事《こと》になりたのであるから、今度《こんど》は神《かみ》が表《おもて》へ現《あら》はれて根《こん》本《ぽん》からの大洗濯《おおせんたく》をいたすから、早《はや》く改心《かいしん》いたして神国《しんこく》の行《おこな》いを致《いた》さんと間曳《まびか》れるぞよ。

☆かみたるは　それをしらずになにごとも　せかいなみやと　おもてゐるなり（7―3）

○

○天《てん》の御《ご》三体《たい》の大神様《おほかみさま》は、今度《こんど》の二度目《どめ》の天《あま》の岩戸《いわと》開《びら》きを艮《うしとら》の金神《こんじん》に御命令《ごめいれい》遊《あそ》ばしたのも深《ふか》い因縁《いんねん》のある事《こと》であるぞよ。九ツ花《はな》の咲《さ》く本《もと》は綾部《あやべ》の大本《おほもと》より外《ほか》には世界中《せかいじゅう》を尋《たず》ねても無《な》いのであるから三千世界《せかい》の元《もと》であるから、斯大本《このおほもと》へ参《まい》りて来《き》た人民《じんみん》には何事《なにごと》に依《よ》らず神《かみ》が憑《かか》りて世界《せかい》の事《こと》を明白《ありやか》に知《し》らしてやりて、今度《こんど》の神界《しんかい》の大望《たいもう》な御用《ごよう》に使《つか》ふ所《ところ》であるから、誠《まこと》のある日本魂《やまとだましい》の残《のこ》りて居《お》る御方《おんかた》一人《にん》なりと来《き》て下《くだ》され、結《けっ》構《こう》な神徳《しんとく》を渡《わた》して還《かや》すぞよ。何事《なにごと》も世界《せかい》の事《こと》なら神《かみ》が憑《かか》りて細《こま》こう説《と》いて聞《き》かせる世《せ》界《かい》の大本《おほもと》になる尊《とうと》い所《ところ》が余《あま》り粗末《そまつ》にいたして在《あ》るから、疑《うたご》ふて誰《たれ》も真実《まこと》に致《いた》さぬのも無理《むり》なき事《こと》であるぞよ。

☆このところ　もとなるぢばのことならば　はじまりだしを　しらんことなし（7―4）

○

○この世《よ》は神《かみ》の拵《こしら》えた国《くに》であるから、人民力《じんみんりき》で何程骨《なにほどほね》を折《お》りて見《み》たとて到底治《とうていおさ》まりは致《いた》さんから、第一《だいいち》に神《かみ》を大切《たいせつ》に致《いた》して、神《かみ》の命令通《めいれいどお》りに何彼《なにか》の事《こと》を致《いた》さんと後戻《あともど》り斗《ばか》りいたすから、いつまでも出来《しゅったい》は致《いた》さんぞよ。今《いま》の上《うえ》に立《た》ちて居《お》れる守護神《しゅごじん》に気《き》が附《つ》いて来《き》て、神《かみ》の申《もう》す様《よう》に致《いた》せば何事《なにごと》も思《おも》ふやうに行《ゆ》き出《だ》すなれど、人民《じんみん》の中《なか》の鼻高《はなだか》が上《うえ》へ上《あが》りて何程《なにほど》智慧《ちえ》と学《がく》とで斯世《このよ》を治《おさ》めやうと思《おも》ふても人民《じんみん》の力《ちから》は限《かぎ》りがあるから、サア今《いま》と云《い》ふ所《ところ》で何時《いつ》も手《て》の掌《ひら》が覆《かえ》るぞよ。今度《こんど》は末代《まつだい》に一度《ど》より為《し》られん世界《せかい》の大立《おおたて》替立直《かえたてなお》しであるから、人民《じんみん》の細工《さいく》では何事《なにごと》も外《は》づれて了《しも》ふて肝腎《かんじん》の艮《とど》めは刺《さ》せんから、日本《にほん》の上《かみ》の守護神《しゅごじん》に一日《にち》も早《はや》く今迄《いままで》の心《こころ》を持替《もちかえ》て神《かみ》の申《もう》すやうの政事《せいじ》に致《いた》せと永《なが》らくの間《あいだ》変性男子《へんじょうなんし》の手《て》と口《くち》とで知《し》らしておれども、トント行《ゆ》き当《あた》りて鼻《はな》を打《う》つまで気《き》が附《つ》かんから、何《な》んにも知《し》らぬ下《しも》の人民《じんみん》が永《なが》らく苦《くる》しむのが可哀想《かあいそう》であるから、上《かみ》なら上《かみ》のやうに早《はや》く解《わか》りて下《くだ》さらぬと、世界中《せかいじゅう》の難儀《なんぎ》になる斗《ばか》りで在《あ》るから、人民力《じんみんりき》を頼《たよ》（他寄《たよ》）りに致《いた》さず、昔《むかし》の神《かみ》の教《おし》え通《どお》りに立替《たてかえ》て下《くだ》されよ。余《あま》り何時《いつ》までも我《が》を張《は》りて居《お》るとドンナ懲戒《いましめ》が在《あ》りても、神《かみ》は高見《たかみ》から見物《けんぶつ》するより仕様《しよう》が無《な》いぞよ。

☆かみたるへ　このしんじつをはやく〵と　しらしてやろと　つきひおもへど（7―5）

☆かみたるは　それをしらずにめい〵の　わがみしやんを　ばかりおもふて（7―6）

（七）神の望

○艮《うしとら》の金神《こんじん》は元《もと》の国常立尊《くにとこたちのみこと》であるから、此世《このよ》の初《はじま》りの事《こと》から、幾万年《いくまんねん》も先《さ》きの事《こと》まで見《み》え透《す》く神《かみ》であるから、先《さ》きに知《し》らせる御役《おやく》であるぞよ。毛筋《けすじ》の横巾《よこはば》も違《ちが》はん事《こと》を、気《け》も無《な》い内《うち》から筆先《ふでさき》に書《か》かしておくと、筆先通《ふでさきどお》りが世界《せかい》からケタリ〱と合《お》ふて来《く》るやふに知《し》らして在《あ》るぞよ。人民《じんみん》は先《さき》の見《み》えんもので在《あ》るから、足下《あしもと》へ火《ひ》が燃《も》えて来《き》て熱《あつ》うなるまで気《き》が付《つ》かぬなれど、行《ゆ》く先《さき》の見《み》える地《ち》の先祖《せんぞ》であるから、今《いま》まで世《よ》に出《で》て居《お》れた方《ほう》の神《かみ》とはチットは明白《ありやか》に解《わか》るから、斯神《このかみ》の申《もう》す事《こと》には一分《ぶ》一厘《りん》の間違《まちが》いは無《な》いぞよ。申《もう》した事《こと》の違《ちが》ふやうな神《かみ》なら、世間並《せけんなみ》の今迄《いままで》の神《かみ》も同《おな》じ事《こと》であるから、到《とう》底今度《ていこんど》の二度目《どめ》の御用《ごよう》を引受《ひきう》ける事《こと》は出来《でき》は致《いた》さんぞよ。日本《にほん》の人民《じんみん》よ一日《にち》も早《はや》く神《かみ》の申《もう》す事《こと》を汲《く》み取《と》りて、其覚悟《そのかくご》を致《いた》して居《お》らんと、今《いま》に吃驚箱《びっくりばこ》が開《あ》くから、そこへ成《な》りてから、一度《ど》にバタツイて改心《かいしん》いたしても屁《へ》の衝張《つっぱ》りにもならんから、物《もの》を知《し》るなら早《はや》く知《し》らんと誠《まこと》の手柄《てがら》は出来《でき》んぞよ。斯《こ》の仕組世界《しぐみせかい》から判《わか》りて来《き》てから気《き》が附《つ》くやうな事《こと》では世間並《せけんなみ》じゃぞよ。世間並《せけんなみ》では早《はや》くから斯大本《このおほもと》へ立寄《たちよ》りて辛《つら》い行《ぎょう》を致《いた》した功能《こうのう》が無《な》いぞよ。物《もの》を知《し》るなら今《いま》の内《うち》じゃぞよ。此事天晴世界《このことあっぱれせかい》へ解《わか》りて来《き》たら、我《われ》も私《わし》もと皆《みな》が申《もう》して集《よ》りて来《く》るなれど、世間《せけん》に判《わか》らん内《うち》にチットなりと判《わか》りて居《お》らんと大《おお》きい出世《しゅっせ》は出来《でき》んから、筆先《ふでさき》を十分《ぶん》に繰返《くりかえ》して見《み》て置《お》かんと、肝腎《かんじん》の時《とき》になりて何《なに》も話《はなし》が無《な》いぞよ。世界並《せけんなみ》、十人並《にんなみ》では約《つま》らんぞよ。

☆みえてから　とひてかゝるは　せかいなみ　みえんさきから　とひておくぞや

（1―18）

○

○谷々《たにだに》の小川《おがわ》の水《みず》を大河《おおかわ》へ末《すえ》で一つになる仕組《しぐみ》、神《かみ》も仏事《ぶつじ》も人民《じんみん》も上《うえ》も下《した》も和合致《わごういた》して、神国成就《しんこくじょうじゅ》の御用《ごよう》を致《いた》すやうになるので在《あ》るから、今《いま》の教会《きょうかい》の取次《とりつ》ぎ皆《みな》心《こころ》が小《ちい》さいぞよ。神《かみ》は元《もと》は皆一株《みなひとかぶ》であるから、時世時節《ときよじせつ》に応《おう》じて、神《かみ》の柱《はしら》が建《た》ててあるのは今度《こんど》の大望《たいもう》の御用《ごよう》を命《さ》せる為《ため》に皆神《みなかみ》から出《だ》して在《あ》るのであるから、今迄《いままで》の心《こころ》をドノ教会《きょうかい》の取《とり》次《つ》ぎ信者《しんじゃ》も入《い》れ替《かえ》て、誠《まこと》の神国《しんこく》の御用《ごよう》を腹《はら》を合《あわ》して致《いた》さねば、今《いま》まで苦労《くろう》いたした事《こと》が水《みず》の泡《あわ》に成《な》るから、神《かみ》が気《き》を付《つ》けるぞよ。神《かみ》は世界《せかい》を良《よ》く致《いた》す為《ため》にに、昔《むかし》の初《はじま》りから色々《いろいろ》と経綸《しぐみ》をいたしてありたから、小《ちい》さい事申《こともう》して信者《しんじゃ》の取《と》り合《やい》を致《いた》して居《お》るやうな時《とき》でないから、一日《にち》も早《はや》く今《いま》までの汚《きた》ない精神《せいしん》を川《かわ》へ流《なが》して、互《たがい》に手《て》を引合《ひきお》ふて、今度《こんど》の二度目《どめ》の天《あま》の岩戸《いわと》開《びら》きの御用《ごよう》に立《た》ちて下《くだ》され、神《かみ》はモウ日限《にちげん》が迫《せま》りたから、急《せ》けるぞよ。

○

☆このさきは　かみたるこゝろだん〳〵と　こゝろしづめて　わぼくなるよふ（1―19）

○この大本《おほもと》は今迄《いままで》の教会《きょうかい》の行《や》り方《かた》とは違《ちが》ふから、小《ちい》さいことは申《もう》さんぞよ。神《かみ》を看板《かんばん》に致《いた》して金設《かねもう》けするやうな汚《きたな》い教《おしえ》でないぞよ。世界《せかい》一同《どう》、神《かみ》も仏事《ぶつじ》も人民《じんみん》も、神国《しんこく》の結《けつ》構《こう》な御用《ごよう》を心揃《こころそろ》えて勤《つと》めさす、誠《まこと》の神《かみ》の経綸《しぐみ》の本《もと》であるから、小《ちい》さい心《こころ》の取次《とりつ》ぎは良《よ》う解《わ》けんぞよ。それも心《こころ》に誠《まこと》さえ有《あ》りたら綾部《あやべ》の大本《おほもと》の経綸《しぐみ》が明白《ありやか》に見《み》え透《す》くから、安心《あんしん》して一致《ち》が出来《でき》るなれど、チットでも心《こころ》に慾《よく》がありたら、何《なに》も逆様《さかさま》に見《み》えるから、此《こ》の大本《おほもと》の経綸《しぐみ》を悪《わる》く取《と》れるやうな人民《じんみん》は心《こころ》の中《なか》に悪魔《あくま》が宿《やど》りて居《お》るので在《あ》るから、我《われ》と我手《わがて》に守護神《しゅごじん》の審神者《さにわ》を致《いた》されよ。誠《まこと》の神《かみ》は天地《てんち》の親神《おやがみ》であるから小《ちい》さい事《こと》を申《もう》すやうな神《かみ》で無《な》いから、心《こころ》の底《そこ》から取直《とりなお》して、明治《めいじ》二十五年《ねん》からの筆先《ふでさき》を調《しら》べて下《くだ》されたなら、何程疑《なにほどうたが》いの強《きつ》き人民《じんみん》でも発根《ほっこん》と改心《かいしん》せずには居《お》れんやうに成《な》りて、盲《めくら》も目《め》が開《あ》き、聾《つんぼ》も耳《みみ》が聞《き》こえ出《だ》すから、神《かみ》の神徳《しんとく》が戴《いただ》けるから、誠《まこと》の守護《しゅご》が在《あ》り出《だ》すと自然的《ぬしがで》に改心《かいしん》が出来《でき》て来《き》て、和合《わごう》いたさな物事《ものごと》が成就《じょうじゅ》いたさんと言《い》ふ事《こと》が気《き》が附《つ》いて来《く》るぞよ。

☆このわぼく　むつかしよふにあるけれど　だん〱神《かみ》が　しゅごふするなり（1—20）

（八）神の平等愛

○今《いま》の世界《せかい》は悪神《あくがみ》の守護《しゅご》で在《あ》るから、悪《あく》の事《こと》ならドンナ事《こと》でも致《いた》すなれど、上《うえ》に上《のぼ》りて悪《わる》い事《こと》の仕放題《しほうだい》で、トン〱評子《びょうし》に悪神《あくがみ》の思《おも》ふ如《よ》うに成《な》りて来《き》て、下《した》の人民《じんみん》は日本《にほん》も外国《がいこく》も在《あ》るに在《あ》られん難渋《なんじゅう》を致《いた》して苦《くる》しみて居《お》るのを、今迄《いままで》に世《よ》に出《で》て居《お》れた神《かみ》にも守護神《しゅごじん》にもドウする事《こと》も出来《でき》んやうに、悪魔《あくま》と賊《ぞく》との世《よ》になりて居《お》るのを、天《てん》からの時節参《じせつまい》りて、天《てん》の御先祖様《ごせんぞさま》の撞《つき》の大神様《おほかみさま》、至仁至愛神様《みろくのかみさま》が見《み》るに見兼《みかね》て、今度《こんど》は地《ち》の高天原《たかあまはら》へ御降《おくだ》り遊《あそ》ばして、斯《こ》の暗黒《くらやみ》の世《よ》を天《あま》の岩戸《いわと》を開《ひら》けて世界《せかい》の人民《じんみん》を安心《あんしん》さして、上下運不運《うえしたうんぷ》の無《な》きやうに、世界中《せかいじゅう》を桝掛曳《ますかけひ》いた如《ごと》く、誰一人《たれひとり》ツヽボには落《おと》さぬ結《けっ》構《こう》な御経綸《おしぐみ》の生《い》きた花《はな》の咲《さ》く時節《じせつ》になりたから、世《よ》に出《で》て居《お》れる守護神《しゅごじん》も、上《うえ》に立《た》ちて世界《せかい》を我物顔《わがものがお》に致《いた》して来《き》た悪《あく》の頭《かしら》もモウ此先《このさき》は改心《かいしん》せずには、斯世《このよ》に置《お》いて貰《もら》えん事《こと》になりたぞよ。お照《てら》しは一体七王《いったいななおう》も八王《やおう》も世界《せかい》に王《おう》があれば、何時《いつ》までも世界《せかい》の口舌《くぜつ》は絶《た》えんから、世界《せかい》は段々悪《だんだんわる》く成《な》る斗《ばか》りで、世界《せかい》の人民《じんみん》の苦《くる》しむのを神《かみ》は見《み》て居《お》れんから神《かみ》が表《おもて》に現《あら》はれて、戦争《せんそう》と天災《てんさい》とで世《よ》を替《か》えて、三千世界《せかい》を一つに丸《まる》めて神《しん》国《こく》に致《いた》して、一つの神《かみ》の国《くに》の王《おう》で治《おさ》める経綸《しぐみ》が致《いた》してあるから、外国《がいこく》の守護神《しゅごじん》よ、一日《にち》も早《はや》く日本《にほん》の神国《しんこく》の王《おう》に従《したご》ふて、神《かみ》の国《くに》の御用《ごよう》を為《さ》して頂《いただ》くが自分《おのし》の徳《とく》であるぞよ。余《あま》り何時迄《いつまで》も悪《あく》の頭《かしら》に改心《かいしん》が出来《でき》ぬと神《かみ》はモウ日限《にちげん》が無《な》いから、止《やむ》を得《え》ず急速《きっそく》に埒能《らちよ》う立替《たてかえ》を致《いた》すから、そうなる迄《まで》に気《き》の附《つ》く守護神《しゅごじん》は結構《けっこう》なれど、余《あま》り執念深《しつこ》う我《が》を張《は》りて居《お》ると、世界《せかい》に何事《なにごと》ありても神《かみ》を恨《うら》めて下《くだ》さるなよ。神《かみ》は前《まえ》つ〱に気《き》が附《つ》けてあるぞよ。大《だい》の字逆様《じさかさま》、丸《まる》に十、八分黒《ぶくろ》う致《いた》して判《はん》じ物《もの》が出《だ》してあろうがな。上《うえ》は裸体《はだか》で下《した》が袴《はかま》を穿《は》くと申《もう》してあろうがな。今《いま》に天地《てんち》が覆《かへ》りて、上下運不運《うえしたうんぷ》のない松《まつ》の世神世《よかみよ》となるから、神代《かみよ》に置《お》いて欲《ほ》しくば神《かみ》の申《もう》す内《うち》に身魂《みたま》を研《みが》いて善心《ぜんしん》に立復《たちかえ》りて誠《まこと》の日本魂《やまとだましい》に成《な》りて居《お》らねば、悪《あく》の胤《たね》は毛筋《けすじ》ほど在《あ》りても今度《こんど》は世《よ》に残《のこ》す事《こと》は出《で》来《き》んから、神《かみ》は世界《せかい》の人民皆我子《じんみんみなわがこ》であるから、我子《わがこ》の苦《くる》しむのを見《み》るのが残念《ざんねん》なから、ドウゾ一日《にち》も早《はや》く心《こころ》を立替《たてかえ》て、神国《しんこく》の行《おこな》い致《いた》して下《くだ》されよ。神《かみ》が頼《たの》むぞよ。

☆人間《にんげん》も　いちれつこども　かわいから　神《かみ》の残念《ざんねん》　これおもてくれ　（13―27）

【一筆啓上】

前号より「大本神諭と天理教神諭」とを比較対照して掲載されましたのは、神界の経綸の次第を、普く大本の会員に了解されるようにとの教上の御心からであります。然るに読者の中には、大本神諭は天理教神諭と同一じゃ。天理教より後に生まれたのだから、同教よりは弟分じゃとか。大本は宗教で無いと言うても宗教に違いない証拠には天理教に似ているで無いか。矢張り宗教じゃと色々と申しこまれる読者が在りますが、併し天理教も教祖の神憑されたのは世の立替を知らすためで、神界も教祖も宗教に為るという考えの無かった事は、同教の『神諭』で明白であります。ただ同教役員が官憲に迫られて、神道本局に付属して今日に至り独立の宗教となったので在りますが、神界はソンナ宗教位の目的では無い。現今の政治なり、宗教なり、教育なり、科学なり、哲学なり、その他一切の学術や制度を皇祖皇宗の御遺訓通りに根本的革正を為させ給う神慮のままの行動形式を取って伝道して来たならば、綾部の大本の神の出現は無意義になったかも知れませぬ。神界もまた大和と、丹波と云うように面倒くさい二ケ所に顕現せらるゝ筈がありません。

併し天理教では実際の神界からの委任は世の立替の広告に止めて在ったので、宗教化したもの、また時の勢いで在ったかも知れません。何うしても二度目の天の岩戸開きの艮《とど》めは大本に委任されて居る事と確く信じております。本年の初春から神界にては既に日本と諸外国との大開戦があって、始めの内は日本も余程旗色が悪るかったのが、一厘の経綸で盛り返して日本国の一大勝利と成りました。……。

梅田教統

第四章　大本神諭と天理教神諭（天爵道人）

（『神霊界』大正七年六月十五日発行）

（一）神の慈愛

○善《ぜん》の道《みち》と悪《あく》の道《みち》と世《よ》の中《なか》は二筋《ふたすじ》ありて、世界《せかい》の人民《じんみん》は皆悪《みなわる》い方《ほう》の道《みち》へ行《ゆ》きたがるから、行先《ゆくさき》は段々《だんだん》と窮《つま》りて来《き》て、終《しまい》には蕀群《いばらのむれ》、行《ゆ》きも戻《もど》りも出来《でき》ん様《よう》になるのが今《いま》の世界《せかい》の有様《ありさま》であるぞよ。旧道《きゅうどう》と新道《しんどう》とあるが、旧道《きゅうどう》と申《もう》すのは元《もと》の昔《むかし》の神《かみ》の拵《こしら》えた霊主体《ひのもと》従《と》の御道《おみち》であるから、行《ゆ》けば行《ゆ》く程結構《ほどけっこう》な所《とこ》ばかりなり、新道《しんみち》と申《もう》すのは体主霊従《から》の道《みち》であるから、足《あし》の強《つよ》いもの程《ほど》、我一《われいち》と人《ひと》を押倒《おしたお》しても、先《さき》へ先《さき》へと往《ゆ》く優勝劣敗《つよいものがち》の道《みち》であるから、テンと行詰《ゆきつま》りた所《ところ》で、前《さき》が真黒暗《まっくらが》りで危《あ》ぶのうて行《ゆ》けむから、後戻《あともど》り斗《ばか》り致《いた》さんならん道《みち》であるぞよ。神《かみ》は人民《じんみん》を一人《にん》なりと余計《よけい》に改心《かいしん》さして、善《ぜん》の道《みち》へ行《や》りたいのは心願《ねがい》であるぞよ。今《いま》に泥水深溝《どろみづ》へ落《お》ちて苦《くる》しむのが見《み》へ透《す》いて居《い》るから、日月《かみ》の心配《しんぱい》、口《くち》や筆《ふで》では尽《つく》されぬぞよ。一寸先《すんさ》きは見《み》えぬ憐《あわ》れな人民斗《じんみんばか》りであるから、神《かみ》が何時《いつ》までも八釜敷《やかまし》く申《もう》して気《き》を附《つ》けるのであるから素直《すなお》に致《いた》して早《はや》く善《ぜん》の道《みち》へ乗換《のりかえ》て下《くだ》されよ。

☆つきひには　だん〳〵みえる　みちすじに　こわさあぶなき　みちがあるので　（7—7）

☆つきひより　そのみちはやく　しらそふと　おもてしんぱい　してゐるとこで　（7—8）

○

○神《かみ》は人民《じんみん》の真実《まこと》の親《おや》であるから、人民《じんみん》の親《おや》が子《こ》を思《おも》ふよりは一層《そう》深《ふこ》う思《おも》ふて居《い》るぞよ。神《かみ》の心配《しんぱい》汲《く》み取《と》る人民少《じんみんすく》ないぞよ。親《おや》の心子《こころこ》知《し》らずで在《あ》るぞよ。今《いま》の人民《じんみん》は薩張《さっぱ》り神《かみ》の心《こころ》と反対《はんたい》であるから何程結構《なにほどけっこう》な事《こと》を教《おし》えて遣《や》りても何事《なにごと》も皆逆様《みなさかさま》に取《と》るから、大《おお》間違《まちが》いが出来《でき》て来《き》てギリく舞《まい》を致《いた》す事《こと》が出《で》てくるから、神《かみ》もモウ助《たす》けてやり様《よう》が無《な》いぞよ。

☆にんげんの　わがこおもふも　おなじこと　こわきあぶなき　みちをあんじる（7―9）

☆それしらず　みないちれつは　めいくに　みなうつかりと　くらしいるなり。（7―10）

○

○誠《まこと》一つの真心《まごころ》になりて頼《たの》めば、世界《せかい》の事《こと》はドンナ事《こと》でも聞済《ききず》み致《いた》すぞよ。今《いま》の人民《じんみん》誠《まこと》が無《な》いから、神《かみ》も御蔭《おかげ》を取《と》らし様《よう》が無《な》いぞよ。水晶魂《すいしょうだま》の真心《まごころ》で頼《たの》むなら何《なに》に由《よ》らず神《かみ》が守護《しゅご》を致《いた》すから、キタリくと箱《はこ》さした様《よう》に行《ゆ》き出《だ》すぞよ。今《いま》の人民《じんみん》は我《われ》と我《わが》手《で》に苦《くる》しみて居《お》るぞよ。斯神《このかみ》は心《こころ》だけの御陰《おかげ》より渡《わた》さんぞよ。

☆しんじつの　こゝろしだいの　このたすけ　やまずしなずに　よわりなきよう
（3—99）

◯

◯神代《かみよ》になれば人民《じんみん》の寿命《じゅみょう》も長《なが》くなるぞよ。今《いま》の人民《じんみん》は心《こころ》が狭《せま》いから、病神《やまいがみ》に自由《じゆう》に為《し》られて早《はや》く国替《くにがえ》をいたすなれど、誠《まこと》の神心《かみごころ》に成《な》りて誠斗《まことばか》りを尽《つく》す人民《じんみん》でありたら、斯世《このよ》の寿命《じゅみょう》は百三十歳《さい》まで神《かみ》が与《あた》えるぞよ。

☆このたすけ　ひゃくぢうごさい　ぢょめうと　さだめ　つけたい　神《かみ》のいちじょ
（3—100）

（二）神の憂慮

○今《いま》の世界《せかい》は一平《いったい》らに四ツ足《あし》の守護《しゅご》に成《な》り切《き》りて了《しも》ふて、結構《けっこう》なお米《こめ》や野菜《やさい》、海川《うみかわ》の魚《うを》が人民《じんみん》の食物《たべもの》として結構《けっこう》に授《さず》けてあるのに、肉体《にくたい》の汚《よご》れ血《ち》の腐《くさ》る四ツ足物《あしもの》を歓《よろこ》んで食《たべ》物《もの》に致《いた》して、是《これ》が開《ひら》けた人民《じんみん》じゃ、牛肉《ぎゅうにく》を喰《く》はぬやうな人民《じんみん》は野蛮人《やばんじん》じゃと申《もう》してエライ大《おお》きな取違《とりちが》いを致《いた》して、この清《きよ》らかな神《かみ》の住居《すまい》をいたす国《くに》を隅々《すみずみ》までも汚《にご》らして了《しも》ふて、薩張《さっぱ》り畜生原《ちくしょうばら》に致《いた》したから、誠《まこと》の神《かみ》は皆天《みなてん》へ御上《おあが》り遊《あそ》ばしたから、此地《このち》の世界《せかい》は鬼《おに》と大蛇《だいじゃ》と四ツ足《あし》と斗《ばか》りになりて、世界《せかい》は日《ひ》に増《ま》しに悪《わる》くなりて、悪魔斗《あくまばか》りが覇張《はば》りて居《お》るから、誠《まこと》の神心《かみごころ》の人民《じんみん》はいつも苦《くる》しみて居《お》るが、今《いま》までは地《ち》の世界《せかい》に真《まこ》実《と》の神《かみ》が居《お》られなんだから、世《よ》が段々《だんだん》と降《くだ》る斗《ばか》りで世界《せかい》の大戦争《だいせんそう》なぞが起《おこ》りて、金《かね》の費《い》るのは底知《そこし》れず、屈強盛《くっきょうざか》りの人民《じんみん》は皆人殺《みなひところ》しに出《で》て生命《いのち》を無《の》うする者《もの》は数知《かずし》れず、盲目《めくら》や聾《つんぼ》やかたわ者《もの》や老人《としより》や女子児《をんなこども》ばかりになりて居《お》りても未《ま》だ往生《おうじょう》をいたさずに、人民《じんみん》の絶《た》える所《とこ》までも行《や》り抜《ぬ》こうとの、向《むこ》ふの国《くに》の悪神《あくがみ》のたくみに欺《だま》されて、向《むこ》ふ見《み》ずの世界《せかい》の行《や》り方《かた》、見《み》て居《い》る事《こと》は神《かみ》は出来《でき》んから、日本《にほん》の国《くに》の神《かみ》の経綸《しぐみ》の奥《おく》の手《て》を出《だ》して、世界《せかい》を助《たす》けねば成《な》らぬ事《こと》に成《な》りたぞよ。世界《せかい》を助《たす》けて元《もと》の昔《むかし》の神世《かみよ》に世《よ》を戻《もど》すには到底《とうてい》この儘《まま》では行《ゆ》かんから、昔《むかし》から今《いま》に肉体《にくたい》の其《その》まゝの生《い》き神《がみ》が現《あら》はれて最后《さいご》の艮《とど》めを刺《さ》すから、世界《せかい》は大変《たいへん》な事《こと》になるから、今神《いまかみ》の申《もう》す内《うち》に心《こころ》を立替《たてかえ》て、霊主体従《ひのもと》の精神《せいしん》になりて居《お》らぬと、今度《こんど》の大峠《おおとうげ》は一寸《ちょっと》には越《こ》せんから、早《はや》く改心《かいしん》々々と一点張《てんば》りに急《せ》き込《こみ》たのであるぞよ。人民《じんみん》は万物《ばんぶつ》の長《ちょう》と申《もう》すでは無《な》いか。鳥獣《とりけもの》でも三日前《かまえ》から知《し》らすのに、今《いま》の人民《じんみん》の心《こころ》はムゴイ事《こと》に鏡《かがみ》が曇《くも》りたものであるぞよ。

☆にちくにせかいのこゝろ　みはらせば　いちれつこども　いぢらしきこと　（13—6）

○

○今《いま》に世界《せかい》の人民《じんみん》に何《ど》んな事《こと》でも金《かね》や学《がく》さえ在《あ》りたら出来《でき》ると申《もう》して、何《なに》も解《わか》りもせむ学《がく》に凝《こ》りて一寸先《すんさ》きが見《み》えんから、金《かね》さえ貯《た》めて居《お》りたら何時《いつ》も此世《このよ》がこのなりで楽《らく》に行《ゆ》ける様《よう》に思《おも》ふて、欲斗《よくばか》り惚《ほう》けて脚下《あしもと》の火《ひ》の車《くるま》が眼《め》に付《つ》かぬから、眼《め》に見《み》えぬ神界《しんかい》の様子《ようす》はテンデ解《わか》らんから、斯《こ》んな結構《けっこう》な自由《じゆう》な世《よ》は無《な》いと申《もう》して実《み》のない体主霊従《から》の教《おしえ》を重宝《ちょうほう》がりて居《お》れども、是《これ》から先《さき》の世《よ》は神世《かみよ》になるので在《あ》るから、世界《せかい》の大峠《おおとうげ》になりた折《おり》には何程金《なにほどかね》がありたとて学力《がくりょく》がありたとて、正勝《まさか》の時《とき》には屁《へ》の衝張《つっぱ》りにも成《な》らんから、綾部《あやべ》の大本《おほもと》へ変性男子《へんじょうなんし》と変性女子《へんじょうにょし》との夫婦《ふうふ》の身魂《みたま》を現《あら》はして説《と》いて聞《き》かして昼夜《ちゅうや》に苦労《くろう》をさして居《お》れども、神《かみ》ども何《なに》になると云《い》ふやうな精神《せいしん》であるから、モウ神《かみ》も諭《さと》しやうがないぞよ。何程結構《なにほどけっこう》な誠《まこと》の教《おしえ》を致《いた》して見《み》せても、馬《うま》の耳《みみ》に風吹《かぜふ》く如《ごと》く聞《き》く人民《じんみん》は無《な》いから、モウ神《かみ》は一切《き》りに致《いた》すぞよ。昔《むかし》の世《よ》の本《もと》の神《かみ》は悔《くや》し残念《ざんねん》を堪忍《こばり》て来《き》て今《いま》に残念神《ざんねんかみ》の心《こころ》をチトは推量《すいりょう》いたして下《くだ》されよ。

☆つきひには　だいいち　これがざんねんな　なんとこれをば　すましたるなら

☆この心《こころ》どふしたならば　わかるやら　なんでもいけん　せねばならんで　（13—16）

◯　（13—17）

◯神《かみ》は世界中《せかいじゅう》の守護神《しゅごじん》や人民《じんみん》に意見《いけん》を致《いた》して、斯世《このよ》の行《や》り方《かた》を改良《かえ》さしたいと思《おも》ふて、出口直《でぐちなお》に永《なが》らくの間《あいだ》苦労《くろう》をさして居《お》れども、余《あま》り世界《せかい》の曇《くも》りが激《はげ》しいから、ドノイ致《いた》して実地《じっち》をして見《み》せても改心《かいしん》が出来《でき》ぬのは、薩張《さっぱ》り霊魂《れいこん》が四ツ足《あし》に成《な》り切《き》りて居《お》るから皮《かわ》だけは人民《じんみん》でも精神《せいしん》は獣物《けだもの》に化《な》りて居《お》るから、何《な》んぼ神《かみ》でもモウ改心《かいしん》の為《さ》せやうが無《な》いから、是《これ》から先《さき》は止《や》むを得《え》ず一厘《りん》の経綸《しぐみ》の奥《おく》の手《て》を出《だ》して大洗濯《おおせんたく》に掛《かか》るから、其覚悟《そのかくご》をいたして居《お》りて下《くだ》され是非《ぜひ》なき事《こと》であるぞよ。一人《ひとり》や三人《にん》の改心《かいしん》ならドウにかなれど、世界中《せかいじゅう》の改心《かいしん》であるから、言《い》ひ聞《き》かした位《ぐらい》では誠《まこと》に致《いた》す人民《じんみん》がチットも無《な》いから、世界《せかい》一度《ど》の改心《かいしん》を命《さ》す経綸《しぐみ》に致《いた》さねば仕様《しよう》が無《な》いが、一度《ど》の改心《かいしん》は辛《つろ》うて堪《こば》れん人民《じんみん》たっぴつ在《あ》るぞよ。

☆いけんでも　ちょとのひとでは　ないほどに　おふくのむねが　これがむつかし

（13—18）

○

○艮《うしとら》の金神《こんじん》は六ク敷《むつかしき》申《もう》す神《かみ》じゃと、人民《じんみん》が皆《みな》厭《いや》がりて立寄《たちよ》らんもの斗《ばか》りで在《あ》れども、毛筋《けすじ》も違《ちが》いの無《な》い事《こと》であるから、世界《せかい》の人民何《じんみんなに》ほど厭《いや》がりても教《おし》えておかねば神《かみ》の役《やく》が済《す》まんから、厳《きび》しく申《もう》して気《き》を附《つ》けるぞよ。真《まこと》の神《かみ》となれば巧言令色追従《じょうずやついしょう》は申《もう》さんぞよ。艮《うしとら》の金神《こんじん》は世《よ》に落《お》ちて居《お》りたから、矢張《やっぱ》り気《き》の狭《せま》い小《ちい》さい事《こと》を申《もう》す神《かみ》じゃと、世界《せかい》の移《うつ》りて居《お》る身魂《みたま》が申《もう》すなれど、取返《とりかえ》しのならん事《こと》であるから、人民助《じんみんたす》けたさに八釜敷申《やかましくもう》して気《き》を附《つ》けるので在《あ》るから、ドウゾ誤解《とりちがい》の無《な》いやうに致《いた》して下《くだ》されよ。

☆いかほどに　むつかしことを　いふたとて　めい〳〵のこども　いけんするぞや

○この大本《おほもと》は錦《にしき》の機《はた》の経綸《しぐみ》の本《もと》であるから、変性男子《へんじょうなんし》と変性女子《へんじょうにょし》の身魂《みたま》に珍《めずら》しき天地《てんち》の機《はた》が織《お》らしてあるから、織上《おりあが》りて了《しま》ふまでは、何《ど》んな模様《もよう》が出来《でき》てあるか機《はた》を織《お》る者《もの》にも判《わか》らん経綸《しぐみ》であるぞよ。天地《てんち》の機《はた》が織《お》り上《あ》がるまでは天《あま》の岩戸《いわと》が十分《ぶん》に開《ひら》けんから、この岩戸《いわと》が開《ひら》けて日《ひ》の出《で》の守護《しゅご》となりたら神《かみ》の思《おも》わくが成就《じょうじゅ》いたして、松の代《よ》ミロクの代《よ》が参《まい》るから、神《かみ》の心《こころ》も静《しず》まりて世界平穏末長《せかいおだやかすえなが》き世《よ》になりて、七福神《ふくじん》の楽遊《らくあそ》び、少唄《こうた》の一つも謳《うた》うふやうになりて来《く》るぞよ。（13—19）

☆このもよふ　どうしたならば　よかろうぞ　なんでもかみの　ざんねんあらはす（13—20）

○世《よ》に出《で》て居《お》れる神様《かみさま》も守護神殿《しゅごじんどの》も余《あま》り暢気《のんき》なから、世界《せかい》がコンナ惨《むご》い事《こと》に成《な》りて居《お》るのに、今《いま》に高見《たかみ》から見物《けんぶつ》して御座《ござ》るぞよ。是《これ》では神《かみ》とは申《もう》されんから、ドノ神様《かみさま》も産《う》土神《じがみ》さまもチトしっかり致《いた》して下《くだ》されよ。茲《ここ》まで世界中《せかいじゅう》が曇《くも》り切《き》りて悪魔《あくま》が世《よ》を乱《みだ》して居《お》るのに御気《おき》が附《つ》きませんか。所々《ところどころ》の産土様《うぶすなさま》も一日《にち》も早《はや》く御改心《ごかいしん》遊《あそ》ばして、氏《うじ》子《こ》を地《ち》の高天原《たかあまはら》へ連《つ》れ参《まい》りて改心《かいしん》さして、今度《こんど》の二度目《どめ》の世《よ》の立替《たてかえ》に間《ま》に合《あ》ふ人民《じんみん》を一人《にん》なりと拵《こしら》えなさらんと、神《かみ》の役《やく》が済《す》みますまい。国常立尊《くにとこたちのみこと》は一人豪《ひとりえら》さうに申《もう》して威張《いば》るのでは在《あ》りません。一日《にち》も早《はや》く心《こころ》の塵埃《ごもく》を出《だ》して神国《しんこく》の御用《ごよう》にお立《た》ちなされよ、艮《うしとら》の金神《こんじん》が三千世界《せかい》の総方様《そうほうさま》へ御意見《ごいけん》を申《もう》しますぞや。明治《めいじ》二十五年《ねん》に出口直《でぐちなお》の口《くち》を借《か》りて、綾部《あやべ》の氏神熊野様《うじがみくまのさま》へ、日本国中《にほんこくじゅう》の神々様《かみがみさま》へ御披露《ごひろう》して下《くだ》されと申《もう》したら、早速御披露《さっそくごひろう》ありて、初発《しょはつ》に龍宮《りゅうぐう》の乙姫様《おとひめさま》が御越《おこ》し遊《あそ》ばして、第《だい》一番《ばん》に御改心《ごかいしん》あそばして、今《いま》では艮《うしとら》の金神《こんじん》の片腕《かたうで》とお成《な》りなされて、外国《がいこく》でのヱライ御活動《をはたらき》、今度《こんど》は日《ひ》の出《で》の神《かみ》の生《い》き魂《だま》を使《つこ》ふて、三千世界《せかい》の御手柄《おてがら》あそばすから、何神様《なにかみさま》でも構《かま》はぬ、早《はや》く御改心《ごかいしん》の出来《でき》た神様《かみさま》から御出世《ごしゅっせ》をさせますから、力《ちから》一杯御働《ぱいおはたら》きなされよ。

☆にち〳〵に　かみのむねには　だん〳〵と　ほこりいつぱい　つまりあれども　（13—21）

○

○昔《むかし》は神功皇后殿《じんぐうこうごうどの》が大将《たいしょう》とお成《な》りなされて出《で》て参《まい》られたなれど、今度《こんど》は地《ち》の先祖《せんぞ》が総大将《そうたいしょう》となりて、昔《むかし》から肉体《にくたい》の其儘《そのまま》お在《あ》りなさる荒《あら》たかな生《い》き神様《がみさま》を御苦労《ごくろう》に成《な》りて参《まい》るから、此《こ》の生《い》き神様《がみさま》が御一方《おひとかた》お働《はたら》きになりても世界《せかい》はヱライ事《こと》に成《な》るから、神《しん》界《かい》へ出《で》て御出《おで》ます神々様《かみがみさま》も、今度《こんど》は一生懸命《しょうけんめい》に御働《おはたら》きなされよ。

☆このほこり　そうしするのは　むつかしい　つとめなりとも　かゝりたるなら　（13—22）

(三)神の懸念

○今迄《いままで》の世《よ》は金《かね》と学《がく》と智慧《ちえ》さえ在《あ》りたら、何処《どこ》までも登《のぼ》りて出世《しゅっせ》が出来《でき》たなれど、今度《こんど》は三千世界《せかい》の立替《たてかえ》で在《あ》るから、神徳《しんとく》で無《な》ければ何事《なにごと》も成就《じょうじゅ》いたさぬやうに変《か》えて了《しま》ふぞよ。学《がく》と智慧《ちえ》と金《かね》との世《よ》の中《なか》が強《つよ》い者勝《ものが》ちで在《あ》るから、誠《まこと》の者《もの》は金無《かねな》し、悪智慧《わるぢえ》も無《な》し、金《かね》が無《な》いから学《がく》に凝《こ》る事《こと》も出来《でき》ず、誠《まこと》に弱《よわ》い者《もの》は渓底《たにぞこ》へ蹴《け》り落《おと》されて何時《いつ》までも困《くる》しむのを、親《おや》の眼《め》からは可愛相《かわいそう》で、眼《め》を開《あ》けて見《み》て居《お》れんから、今度《こんど》は今迄《いままで》の事《こと》を申《もう》して、高《たか》い処《とこ》へ上《あが》りて覇《は》張《ば》りて居《お》りてもいつも甘《うま》い事《こと》は神《かみ》が為《さ》しては、置《お》かんから、今《いま》の内《うち》に覚悟《かくご》をいたすが良《よ》いぞよ。悪《あく》の身魂《みたま》が金《かね》と学《がく》と智慧《ちえ》とで上《うえ》へ上《あが》りて自分《われ》の引方《ひっぽう》ばかりを引上《ひきあ》げて、斯《こ》の結構《けっこう》な神国《しんこく》の政治《せいじ》を自由自在《じゆうじざい》に致《いた》して日本《にほん》の国《くに》の今《いま》の体裁《ていさい》、天地《てんち》の先祖《せんぞ》へ何《なん》と申《もう》して申訳《もうしわけ》が立《た》つと思《おも》ふて居《お》るか。この世《よ》は人民斗《じんみんばか》りでは立《た》ちては行《ゆ》かんぞよ。神《かみ》が構《かま》はな立《た》ちては行《ゆ》かぬ神国《しんこく》であるから、今《いま》の上《うえ》に立《た》ちて居《お》る一の番頭《ばんとう》二の番頭《ばんとう》の精神《せいしん》が薩張《さっぱ》り大間違《おおまちが》いで在《あ》るから、今《いま》に斯事《このこと》が判《わか》りて来《き》てアフンと致《いた》す事《こと》が来《く》るから、其《そ》れ迄《まで》に改心《かいしん》をさして神国《しんこく》の政治《よ》の行《や》り方《かた》に代《か》えさし度《たい》と思《おも》ふて、日々《にちにち》神《かみ》が急《せ》き込《こ》みたなれど、聞《き》く守護神《しゅごじん》は今《いま》に一人《ひとり》も無《な》いが、能《よ》うも是《これ》だけ世《よ》が曇《くも》りたもので在《あ》るぞよ。今《いま》の上《うえ》に立《た》ちて覇張《はば》りて居《お》る守護神《しゅごじん》は皆智慧《みなちえ》と学《がく》と引方《ひっぽう》とで天《てん》まで登《のぼ》り詰《つ》めたので在《あ》るから、元《もと》から一つも誠《まこと》といふ事《こと》が無《な》いから、上同士《かみどうし》の暗闘《たたかい》ばかり致《いた》して、国家《くに》の事《こと》ども思《おも》ふて心配《しんぱい》いたす守護神《しゅごじん》が一人《にん》も無《な》いから、三千世界《せかい》の元《もと》になる日本《にほん》の神国《しんこく》が薩張《さっぱ》り畜生原《ちくしょうばら》に化《な》りて了《しも》ふて、神《かみ》は残念《ざんねん》であるぞよ。神《かみ》が表《おもて》に現《あら》はれて神力《しんりき》と学力《がくりき》との力競《ちからくら》べを致《いた》して、上下《うえした》へ天地《てんち》を復《か》えして、元《もと》の経綸通《しぐみどお》りの神国《しんこく》に三千世界《せかい》を立直《たてなお》すぞよ。万古末代潰《まんごまつだいつぶ》れぬ天使天下《てんしてんか》を守《まも》るぞよ。今《いま》まで上《うえ》へ上《あが》りて斯世《このよ》を自分《われ》の好《す》き寸方自由自在《すっぽうじゆうじざい》に致《いた》して、世《よ》を曇《くも》らして来《き》た守護神《しゅごじん》は取払《とりはら》ひに致《いた》して誠《まこと》の者《もの》ばかりを集《よ》せて、誠《まこと》一つで治《おさ》める経綸《しぐみ》が致《いた》して在《あ》るから、大分思《だいぶおも》ひの違《ちが》う守《しゅ》護神《ごじん》が沢山《たっぴつ》に出来《でき》て来《く》るぞよ。気《き》の毒《どく》なものじゃぞよ。

☆つきひより　しんじつおもふたかやまの　たゝかいさいが　おさりたなら　（13―50）

（『大本神諭と天理教神論』終）

【附言】

○中山みき教祖は官憲に十数回拘引され拷問を受ける。それでも「ハイくく（ハイハイ）でハイあがれ、山の上まで」と教えられ、この強い信仰信念が天理教信仰の基となっている。

○出口聖師は大正十年二月十二日の第一次大本事件で不敬罪、新聞紙法違反で一二六日間取調べを受け、昭和十年十二月八日の第二次大本事件では不敬罪、治安維持法違反で六年八ヶ月間（二四三五日）勾留される。

皇道大本は、綾部、亀岡の神苑はじめ霊地霊跡地の神殿・建物を徹底的に破壊され、亀岡天恩郷の月宮殿にはダイナマイト一五〇〇余を費し、日本宗教史上類例のない大弾圧が執行され、昭和十七年八月七日出所するまでに、治安維持法違反に対する不敬罪立証のための当局の取調べは厳しく、殴る蹴る、髪を掴み引きずりまわす等の拷問は峻烈を極めている。取調べ３０００名、死者15名、教団幹部の検挙者９８７名、起訴61名。

第二編　天理教祖の筆先と大本神諭

天理教祖の筆先と大本神諭

皇道大本研修資料・亀岡叢書第八巻　東尾吉三郎編集　大本新聞社発行

（☆は天理教神諭　〇は大本教神諭）

はしがき

天理教祖《てんりきょうそ》が四十一歳《さい》の時《とき》、「我《われ》は天《てん》の将軍《しょうぐん》である」と名乗《なの》る神懸《かんがか》りがあった。神《かみ》は教祖《きょうそ》の口《くち》を使《つか》って「元《もと》の神《かみ》、実《じつ》の神《かみ》である……世界《せかい》一列《れつ》たすけのため因縁《いんねん》の理《り》により、瞬刻《しゅんこく》限《げん》をもって今神《いまかみ》が天降《あまくだ》った……本人《ほんにん》の身体《からだ》は神《かみ》の社《やしろ》に貰《もら》い受《う》ける」などゝ云《い》った。二昼《ちゅう》夜半《やはん》この神懸《かんがか》りはつゞいたが、天保《てんぽう》九年《ねん》十月《がつ》二十六日《にち》の朝《あさ》になって神懸《かんがか》りは一旦静《たんしず》まった。すると、ある夜就眠時《よしゅうみんじ》に再《ふた》び神懸《かんがか》りが始《はじ》まったが、その時《とき》「天《てん》の将軍《しょうぐん》」は自分《じぶん》の神《かみ》名《な》を打明《うちあ》けて云《い》うのであった。「我《われ》は国常立尊《くにとこたちのみこと》である、我《われ》に代《かわ》って後《あと》に神《かみ》が出《で》る程《ほど》に。」そうして八力《りき》の神《かみ》はじめ諸冉《たくなん》二神《しん》、総計《そうけい》十柱《はしら》の神《かみ》が国常立尊《くにとこたちのみこと》の代理《だいり》として次《つぎ》ぎ次《つぎ》にと神懸《かんがか》りせられた。これに由《よ》ってこれを観《み》れば天理教祖《てんりきょうそ》のお筆先《ふでさき》は国常立尊《くにとこたちのみこと》出現《しゅつげん》の先駆《せんく》として録《ろく》された『お筆先《ふでさき》』であったことが明瞭《めいりょう》である。

天《てん》の将軍国常立尊《しょうぐんくにとこたちのみこと》は耶蘇聖書《やそせいしょ》に最後《さいご》の審判《しんぱん》の日《ひ》に当《あた》ってキリスト（弥勒菩薩《みろくぼさつ》）の再臨《さいりん》を天《てん》のラッパを吹《ふ》き鳴《な》らして警告《けいこく》する役目《やくめ》の「天使の長《てんのつかいおさ》ミカエル」である。（谷口正治《たにぐちまさはる》著《ちょ》『皇道霊学講和《こうどうれいがくこうわ》』参照《さんしょう》）それが神懸《かんがか》りしてお筆先《ふでさき》を出《だ》すと云《い》うことは、世界《せかい》の終末《しゅうまつ》、弥勒菩薩下生《みろくぼさつげしょう》の日《ひ》、キリスト再臨《さいりん》の日《ひ》、最後《さいご》の審判《しんぱん》の日《ひ》が近《ちか》づいて来《き》た証拠《しょうこ》である。

天理教出現《てんりきょうしゅつげん》の当時《とうじ》は時期未《じきいま》だ熟《じゅく》しなかったため、国常立尊《くにとこたちのみこと》は親《みずか》ら神懸《かんがかり》せられず、十柱《はしら》の神《かみ》をして代理《だいり》せしめ給《たも》うたのであった。しかし愈々時節《いよいよじせつ》の切迫《せっぱく》と共《とも》に国常立尊《くにとこたちのみこと》は大本教祖《おほもときょうそ》（開祖《かいそ》）に神懸《かんがかり》して『お筆先《ふでさき》』を出《だ》されることになった。天理教《てんりきょう》の『お筆先《ふでさき》』と『大本神諭《おほもとしんゆ》』と全《まった》く符節《ふせつ》を合《がっ》するごとくなるは畢竟《ひっきょう》そのために他《ほか》ならない。……。

大正九年十月　　　　編者識

（一）立替の先走り

☆なにもかもどのよなこともゆておいて、それから親《おや》がはたらきをする。

○天理《てんり》金光《こんくわう》黒住《くろずみ》妙霊《めうれい》先走《さきばし》り、とどめに艮《うしとら》の金神《こんじん》があらはれて、世《よ》の立替《たてかへ》を致《いた》すぞよ、世《よ》の立替《たてかへ》のあるといふ事《こと》は、どの神柱《かみばしら》にも判《わか》りて居《を》れど、何《ど》うしたら立替《たてかへ》が出来《でき》るといふ事《こと》は判《わか》りて居《を》らんぞよ、九分《ぶ》九厘迄《りんまで》は知《し》らせあるが、モウ一厘《りん》の肝心《かんじん》の事《こと》は判《わか》りて居《を》らんぞよ。（明治二十五年旧正月）

（二）陰よりの守護

☆月日《つきひ》よりにちく心《こころ》せきこめど、こくげんまちてゐると思《おも》へよ。（6—125）

☆月日《つきひ》にはどんな残念《ざんねん》があるとても、今《いま》までぢいと見《み》ゆるしてゐいた、（17—64）

○実地《じつち》の生神《いきがみ》は、世界《せかい》の国《くに》を潰《つぶ》れぬやうに、暑《あつ》さ寒《さむ》さのいとひもなく、夜昼《よるひる》の区別《くべつ》もなく、人民《じんみん》を助《たす》けたいために、三千年《ねん》あまりて流路《るらう》に立《た》ちて居《を》りたぞよ、悔《くや》し残念《ざんねん》を忍《こ》耐《ば》りて居《を》りたら、待《ま》ち焦《こが》れた松《まつ》の世《よ》がまゐりて、もとの大神様《おほかみさま》の御出《おで》ましの世《よ》に成《な》りたのが時節《じせつ》であるぞよ、是《これ》から表《おもて》に現《あら》はれて守護《しゅご》いたすぞよ。

（明治三十七年正月十一日）

（三）日本も外国とまぜこぜになりて

☆これまでに通《とほ》りて来《き》たる道《みち》すじは、からも日本《にほん》もわかりないので。

○日本《にっぽん》の国《くに》は大和魂《やまとだましい》でないと、外国《ぐわいこく》の教《をしへ》ではやられん国《くに》であるのに、さっぱり外国《ぐわいこく》の政《をし》教《へ》に従《したが》ふて、日本《にっぽん》の国《くに》はさっぱり畜生《ちくしやう》の国《くに》になりて了《しま》ふて居《を》る故《ゆゑ》に……、日本《にほん》と外国《ぐわいこく》とまぜこぜになりて、日本《にほん》の国《くに》に神力《しんりき》といふことが無《な》くなりて了《しま》ふてをるので、今度《こんど》の二度目《どめ》の世《よ》を立替《たてか》へるのは、骨《ほね》の折《を》れる事《こと》ぢゃぞよ。

（明治三十六年一月三日）

（四）外国に自由にされていた

☆今《いま》までは日本《にほん》がからにしたがうて、まゝにしられた神《かみ》のざんねん。

○日本《にほん》の国《くに》は、神《かみ》の神力《しんりき》をとりて了《しま》ふて、物質《ぶっしつ》の世《よ》になりたから、是《これ》も時節《じせつ》であれども、外国《ぐわいこく》外国《ぐわいこく》から日本《にほん》を好《す》き放題《すっぽう》、自由自在《じいうじざい》にして仕舞《しま》うて、それを守護神《しゅごじん》が歓《よろこ》びて、外国人《じん》の真似《まね》を致《いた》して、神《かみ》を叩《たた》き潰《つぶ》して神隅《かみすみ》に押《を》しこめてをいて外国人《ぐわいこくじん》を重宝《ちょうほう》がりてそれで神国《しんこく》と申《まを》すが、神《かみ》も堪忍袋《こらへぶくろ》が切《き》れて居《を》れど、日本《にほん》の国《くに》を良《よ》くしたいと思《おも》ふて延《の》ばしてをしたなれど、モウ延《の》ばされん事《こと》になりたから、神《かみ》が烈《はげ》しくなるぞよ。

（明治三十三年八月二十三日）

（五）上の者が外国魂

☆たか山《やま》のしんのはしらはとうじんやこれがだいいち神《かみ》のりいぷく。

○モウ悪神《わるがみ》の世《よ》はすみたぞよ。日本《にほん》の国《くに》の上《うへ》の守護神《しゆごじん》が、外国《ぐわいこく》の行《や》り方《かた》の真似《まね》を致《いた》して、全然大将《さつぱりたいしやう》を看板《かんばん》に致《いた》して、利己栄達《われよし》の行《や》り方《かた》を致《いた》すから日本《にほん》の国《くに》の今《いま》のこの惨状《ありさま》であるぞよ。

日本《にほん》の神《かみ》の誠《まこと》の道《みち》を外国《ぐわいこく》の政治《せいぢ》に致《いた》して、至尊様《かみさま》の天権《おちから》をかくして了《しま》ふた故《ゆゑ》に、人民《じんみん》の中《なか》の鼻高《はなだか》までが、現人神《かみ》を軽視《みをろ》して居《を》るぞよ。外国《ぐわいこく》の世《よ》の施政方針《もちかた》は、日本《にほん》の国《くに》には間《ま》に合《あ》はんぞよ。世《よ》を立替致《たてかへいた》して、本《もと》の日本《にほん》の世《よ》の持《も》ち方《かた》の国体《よ》に建直《たてなほ》すのであるぞよ。

（大正元年七月四日）

【附言】

この中に「☆たか山のしんのはしらはとうじんじゃ……」の神示に対して当局は「不敬罪」の確たる証拠であるとして、当時の中山みき教祖に対して厳しい取調べをされたようです。この件につき大本事件第二審（＝大阪）尋問で次のような上申が提されている。

第二次大本弾圧事件調書（分離第七回公判調書）昭和16年1月23日出口王仁三郎

第20次御訊問に対して奉答しました中に、少し字が抜けて居りますから訂正させて頂きます。

天理教布教師に「高山の真の柱は唐人や之が第一神の立腹」と言うのは誤りであって、「中山の新の柱は燈心や之が第一神の利福」ということで、「中山教祖の相続者にして信仰の中心人物は、中山新次郎氏で教祖の身内にこんな立派な人物のあったのは、第一に神様から恵まれた御利益、即ち利福だ」との神示であって、神が立腹されたのではないと聞きましたから、此の歌は「不敬ではない」と思うと申上げましたら、予審判事殿（＝京都）が大きな御声《おこえ》で、そんな馬鹿な事があるか。これを何と思うと仰せになりまして「十二段返し」の文句を書いた紙を見せられましたが、被告人（＝出口聖師）は「こんな不都合なものは書いた覚えが無く、今見せて頂いたのが初めてであり、決して被告人の所為でありませぬ」と申上げましたら黙って居られましたから、御判りに成られた事と思って居りました。夢にも知らない事を予審調書に御誌になりました。被告人は二度ビックリ（＝天理教の御筆先の解釈と予審調書の「十二段返し」のことか）致しました。それで此の予審調書は（京都の）予審判事殿の御創作であると思います。

●裁判長殿は、被告に対しまして京都府警察官の調べ方と、予審判事の調べ方まで最も厳重に細密に御訊問下《ごじんもんくだ》されました。被告人の身にとりまして忝《かたじけな》く余りの嬉しさに感激にふるえました為に、心充《こころみ》ちて言足《ことた》らず上申させて頂き度き事を遺《のこ》しましたから、その分を少しばかり上申さして頂きます。誠に御面倒な事許《ことばか》り申上げて申訳《もうしわけ》ありませぬ。

一、被告人は五条警察署に於きまして生後65歳（＝明治4年生れ。昭和10年当時の年齢）になるまで親にも叩《たた》かれた事のない大切な「頭」を強く打たれ、「向うずね」を靴《くつ》で蹴《け》られ、一時は失神状態になり、それより気が弱りまして、警官さんの御無理御難題の御訊問に対しまして、一々抗弁《こうべん》申上げる勇気を失いまして、唯々《ただただ》暴行される警官さんを恐怖《きょうふ》する様になりました。

そして聞くも答えるも畏れ多く、臣民の口にするさえ畏れ多き皇位簒奪《さんだつ》（＝皇位を奪う。或いは批判する）だのと色々あらぬ難題を吹きかけられ、余りの事に呆然《ぼうぜん》として云うところを知らず。一体この警官は精神異常者ではあるまいか、何を根拠にこんな無理な畏れ多き事を仰せられるか、と考えさせられました。被告人はそこで日本臣民たる私には、左様な怪《け》しからぬ思想は持って居りませぬ、と申しあげましたら、高橋警部さん外三人でまたもや暴行され殺されるのではないかと思いまして、一時の危難を避けるために警部さんの仰せに服しました。そして被告人の本心では、こんな無理無根の問題は、上司の官吏《かんり》様《さま》がお調べになり、大本文献を見られましたら、直ちにその真否《しんぴ》が御判りになると思いまして、仮令《たとえ》被告の供述として警部さんが調書を作成され、私が怖さに署名し拇印《ぼいん》しましても、真実でない限りは夜が明けるものと思いました。そして高橋警部さんは、自分のお書きになった下書きを私が申した様に、書けと迫られ、従わねばまた頭を打たれるので、止《や》む無く泣きもって被告人の供述として書きました。

一、（……以下略）

昭和16年10月25日

被告人　出口王仁三郎　頓首合掌

（六）上より現われる

☆このはなしどんなことやと思《おも》ふかな高《たか》いところで皆《みな》あらはすで。

○是迄《これまで》の守護神《しゅごじん》よ、改心致《かいしんいた》さな何《なに》も皆《みな》めぐりを露《あら》はして了《しま》ふぞよ。上《うへ》へ上《あが》りて悪《あく》を働《はたら》いた守護神《しゅごじん》から露《あら》はして平《たひら》げるから、使《つか》はれて居《を》りた体《たい》は亡《ほろ》びねばならんぞよ。

（明治三十六年五月十一日）

（七）神が表に現われて

☆このたびは神《かみ》が表《おもて》にあらはれて、なにかいさいを説《と》いてきかする。（1―3）

○こゝまでは暗《くら》がりの世《よ》でありたからなにも解《わか》らなんだなれど、時節《じせつ》が参《まゐ》りて日《ひ》の出《で》の守護《しゅご》となりて来《き》たからこの先《さき》は物事《ものごと》が迅《はや》いぞよ。お筆先《ふでさき》に出《だ》してあることも、直《なを》の口《くち》で言《い》はしてある事《こと》も、遅《おそ》い事速《ことはや》い事《こと》はあるなれど、皆出《みなで》てくるぞよ。便《たよ》りしやうにも伝言《ことづて》しやうにも、人《ひと》に言《い》はれぬ隠身《かくれみ》であるから、日《ひ》の出《で》となりて現《あら》はれるぞよ。

（大正七年旧三月十五日）

（八）元の活神

☆人《にん》げんをはじめ出《だ》したるこの親《おや》は、ぞんめいでゐるこれがまことや。
（8―37）

○世《よ》の本《もと》からの天地《てんち》を創《こし》らへた、其儘《そのまま》の肉体《にくたい》の続《つづ》いてある、煮《に》ても焼《や》いても引裂《ひきさ》いても。ビクリともならん生神《いきがみ》が、天《てん》からと地《ち》からと両鏡《りやうかがみ》で、世界《せかい》の事《こと》を帳面《ちやうめん》につけとめてある同様《どうやう》に判《わか》りて居《を》るから、モウ日本《にほん》の国《くに》には動《うご》かぬ仕組《しぐみ》が致《いた》してある。
（大正五年十一月八日）

（九）日本の世界統一

☆今《いま》まではからや日本《にほん》とゆふたれど、これから先《さき》は日本《にほん》ばかりや。

○今迄《いままで》はカラと日本《にほん》が立別《たちわか》れてありたが、神《かみ》が表《おもて》に現《あらは》れて、カラも天竺《てんぢく》も一《ひと》つに丸《まる》めて、万古末代続《まんごまつだいつづ》く神国《しんこく》に致《いた》すぞよ。艮《うしとら》の金神《こんじん》は此世《このよ》の閻魔《えんま》と現《あら》はれるぞよ。
（明治二十六年）

（十）神国の光あらわれたら

☆日本《にほん》みよ小《ちい》さい国《くに》とおもへども、根《ね》があらはれたらおそれいるぞよ。

○変性男子《へんしやうなんし》と変性女子《へんしやうにょし》とのみ魂《たま》を現《あらは》して、善《ぜん》と悪《あく》、神力《しんりき》と学力《がくりき》とを立別《たてわ》けて、世界《せかい》の人民《じんみん》に改心《かいしん》をさして、善《ぜん》一筋《すじ》にたち帰《かへ》らす仕組《しぐみ》にしてあるから、此事《このこと》が天晴《あっぱ》れ判《わか》るやうになりて来《き》たら、日本《にほん》は国《くに》は小《ちい》さくとも、ナシタ結構《けっかう》な国《くに》であるじゃらうと申《まを》して、外国精神《ぐわいこくせいしん》の何程悪《なにほどあく》に強《つよ》い身魂《みたま》でも、善《ぜん》の御道《おみち》にはかなはぬと申《まを》して外国人《ぐわいこくじん》も往生《おうじやう》を致《いた》すぞよ。

（明治三十六年正月三十日）

（十一）外国は枝葉

☆枝《えだ》さきは大《おほ》きにみえてあかんもの、構《かま》へば折《を》れるさきを見《み》てゐよ。

○日本《にほん》の国《くに》に神《かみ》が仕組《しぐ》みた世界《せかい》の誠《まこと》は何《なに》も知《し》らずに、日本《にほん》の国《くに》を我物《わがもの》に致《いた》さうとして、エライ企《たく》みは奥《おく》が浅《あさ》うて狭《せま》いから、茲迄《ここまで》九分《ぶ》九厘迄《りんまで》は、面白《おもしろ》い程《ほど》トン〳〵拍子《びょうし》に来《き》たなれど、天《てん》の時節《じせつ》が参《まゐ》りて、悪神《あくがみ》の世《よ》の年《ねん》の明《あ》きとなりて、悪《あく》の輪止《りんどま》りで向《む》こうの国《くに》は死物狂《しにものぐるひ》を致《いた》して居《を》るなれど、何国《どこ》からも仲裁《ちうさい》に這入《はい》る事《こと》も出来《でき》ず、見殺《みごろ》しで神《かみ》なら助《たす》けねばならんなれど、余《あま》り我《が》が強過《つよす》ぎて何《ど》う仕様《しよう》もないぞよ。

（大正五年旧十一月八日）

（十二）神と学との力競べ

☆これからは神《かみ》の力《ちから》とたみたるの、ちからくらべをすると思《おも》へよ。

○今《いま》の世《よ》は善《ぜん》のみたまが、日本《にほん》にはチットも無《な》いやうに成《な》りて了《しま》うて、人《ひと》を救助《たすけ》る至善《しぜん》の霊魂《みたま》といふ霊魂《みたま》は日本《にほん》の国《くに》には無《な》い、餓鬼《あく》道計《ばか》りの霊性《みたま》に反還《かへ》りて了《しま》うて、此状《このなり》態で世《よ》を立替《たてか》へずに置《お》いたなら、日本《にほん》は外国《ぐわいこく》へ直《す》ぐ奪《と》られるが、今《いま》でも九分《ぶ》は外国《ぐわいこく》信者に成《な》りて了《しま》うて居《を》るが、此《こ》の一分《ぶ》の所《ところ》が外国《ぐわいこく》の自由《じいう》にはならんので一分《ぶ》が強《つよ》いか九分《ぶ》が強《つよ》いか、神《かみ》と学《がく》との力競《ちからくら》べを始《はじ》めるから、負《ま》けたら従《したが》はんならん、勝《か》ちたら従《したが》はすから、この綾部《あやべ》の大本《おほもと》は、悪鬼《をに》でも羅刹《じゃ》でも改心《かいしん》さして、本来《もと》の大精神《むかし》に復活《たてかへ》を致《いた》して、世界中《せかいぢう》を喜《よろこ》ばす経綸《しぐみ》が致《いた》してあるのじゃぞよ。

（明治三十六年正月三日）

（十三）火の雨、つなみ

☆このはなし何《なん》と思《おも》ふてきいてゐる、天地火《てんちひ》のあめ海《うみ》はつなみや。

○東《あづま》の国《くに》は一晴《ひとは》れの後《あと》は暗《くら》がり、これに気《き》のつく人民《じんみん》はないぞよ。神《かみ》はせけるぞよ。此《こ》の世《よ》の鬼《をに》を往生《おうじやう》さして外国《ぐわいこく》を地震《ぢしん》、雷《かみなり》、火《ひ》の雨《あめ》ふらしてたやさねば、世界《せかい》は神国《しんこく》にならんから昔《むかし》の大本《おほもと》からの神《かみ》の仕組《しぐみ》が成就《じやうじゅ》いたす時節《じせつ》が廻《まわ》りて来《き》たから、苦労《くらう》はあれど、バタ〳〵とらちをあけるぞよ。

（明治二十五年旧正月）

（十四）指一本もふれさせぬ

☆これからは月日《つきひ》かはりに出《で》るほどにまゝにするならすればして見《み》よ。

○永《なが》らく世《よ》に隠《お》ち伏て居《を》りて、この世《よ》の来《く》るのを待《ま》ち兼《か》ねて、夜昼《よるひる》、暑《あつ》さ寒《さむ》さの厭《いと》いもなくして、世界中《せかいぢう》を審査《あらため》いたしての、今度《こんど》の二度目《どめ》の世《よ》の立替《たてかへ》、骨《ほね》は折《を》れるなれど、さる代《かは》りには今度《こんど》の世《よ》の立替《たてかへ》は、他《ひと》からは指《ゆび》一本《ぽん》さえるものもないぞよ。

（明治三十六年六月七日）

（十五）火水の仕組

☆とうじんと日本《にほん》のものとわけるのは火《ひい》と水《みづ》とをいれてわけるで。

○変性男子《へんしやうなんし》は肉体《にくたい》は水《みづ》、霊体《れいたい》が火《ひ》であるなり。女子《によし》は肉体《にくたい》が水《みづ》で霊体《れいたい》が水《みづ》であるから、男《なん》子《し》の旅立《たびだち》には水《みづ》の守護《しゅご》なり。女子《によし》の出立《しゅったつ》には火《ひ》の守護《しゅご》となりたのであるぞよ。変性男《へんしやうなん》子《し》の霊魂《みたま》は天《てん》の役《やく》、夫《をっと》の役《やく》なり。女子《にょし》の霊魂《みたま》は地《ち》の役《やく》、妻《つま》の御用《ごよう》であるぞよ。火《ひ》と水《みづ》との守護《しゅご》で、天地《てんち》を開《ひら》く火水《ひみづ》の経綸《しぐみ》であるから、この先《さき》は天《てん》と地《ち》との神《かみ》の働《はたら》きが明白《ありやか》に判《わか》りてくるぞよ。

（大正七年旧十月二十九日）

（十六）五月五日

☆この日《ひ》がらいつの事《こと》やと思《おも》ってゐる、五月《ぐわつ》五日《か》にたしか出《で》てくる。

（4―3）

○明治《めいぢ》五十五年《ねん》の三月《ぐわつ》三日《か》、五月《ぐわつ》五日《か》は、誠《まこと》に結構《けっかう》な日《ひ》であるから、それ迄《まで》はこの大本《おほもと》の中《なか》はつらいぞよ。

（明治三十七年旧七月十二日）

（十七）神の王と人民の王

☆この世《よ》をおさむるもかみ天《てん》もかみ、かみとかみとの心《こころ》わけるで。

○天《てん》は至仁至愛真神《みろくさま》の神《かみ》の王《わう》なり。地《ち》の世界《せかい》は根本《こんぽん》の大国常立尊《おほくにとこたちのみこと》の守護《しゆご》で日本《にほん》の神国《しんこく》の万古末代動《まんごまつだいうご》かぬ神《かみ》の王《わう》で治《おさ》めるぞよ。我世《われよ》しの行《や》り方《かた》ではこの世《よ》は何時迄《いつまで》も立《た》たんぞよ。此《こ》の世界《せかい》は一《ひと》つの神《かみ》の王《わう》で治《おさ》めん事《こと》には、人民《じんみん》の王《わう》では治《おさ》まり致《いた》さんぞよ。日《に》本《ほん》の王《わう》は神《かみ》の王《わう》であるぞよ。外国《ぐわいこく》の王《わう》は人民《じんみん》の王《わう》であるから、世《よ》が段々《だんだん》と乱《みだ》れる計《ばか》りで、人民《じんみん》は日《ひ》にましに難渋《なんじう》を致《いた》すものが殖《ふ》える計《ばか》りで、誠《まこと》の神《かみ》からは目《め》をあけて見《み》て居《を》れんから、天《てん》からは御《ご》三体《たい》の大神様《おほかみさま》なり、地《ち》は国常立尊《くにとこたちのみこと》の守護《しゆご》で、竜宮様《りうぐうさま》の御加《おて》勢《だい》で、元《もと》の昔《むかし》の神《かみ》の経綸通《しぐみとほ》りの、松《まつ》の世《よ》に立替致《たてかへいた》して、世界中《せかいぢう》を助《たす》けるのであるから中々骨《なかなかほね》が折《を》れるぞよ。モウ時節《じせつ》が近《ちか》よりたぞよ。

（大正五年十一月八日）

（十八）日本は世界の親国

☆この先《さき》はからと日本《にほん》とわけるでな、これわかりたら世界《せかい》おさまる。

○古《ふる》き神世《かみよ》の有様《ありさま》を、早《はや》く世界《せかい》の人民《じんみん》にといてきかせんと、日本《にほん》の神国《しんこく》の人民《じんみん》が、天地《てんち》を経綸《しぐみ》する主宰《つかさ》であり乍《なが》ら、外国《ぐわいこく》の人民《じんみん》と同《おな》じやうになりて了《しま》ふて居《を》るから、第一番《だいばん》に日本《にほん》の人民《じんみん》が我身魂《わがみたま》の天職《てんしょく》をさとりて、日本魂《やまとだましい》に立帰《たちかへ》りて、神世《かみよ》からの尊《たふと》い因縁《いんねん》をさとりた上《うへ》、世界《せかい》の人民《じんみん》を助《たす》けてやらねばならぬ、天来《てんらい》の大責任者《だいせきにんしや》であるぞよ。世《せ》界《かい》に大混雑《だいこんざつ》が起《おこ》るのも、悪《わる》い病《やまひ》が流行《はや》るのも、日本《にほん》の人民《じんみん》の上下《かみしも》の身魂《みたま》が曇《くも》りて、天《てん》迄《まで》も曇《くも》らして、日本魂《やまとだましい》の働《はたら》きが出来《でき》ぬからの事《こと》であるぞよ。世界《せかい》の小言《こごと》のたえぬのも、日本《にほん》の国《くに》の責任《せきにん》であるから斯《こ》の地《ち》の世界《せかい》を守護致《しゅごいた》す日本《にほん》の守護神《しゅごじん》と人民《じんみん》が一番《ばん》に改《かい》心《しん》を致《いた》して、天地《てんち》の間《あひだ》を清浄《しゃうじゃう》にいたさねば、何時《いつ》までも天下泰平《てんかたいへい》には治《おさ》まらんぞよ。

（大正八年二月十八日）

（十九）一日ましに判りてくる

☆今日《けふ》まではなに世《よ》の事《こと》もみえねども、日《ひ》が近《ちか》づけばひとりみえるで。

○永《なが》い苦労《くらう》の凝《かたま》りの花《はな》が咲《さ》くのであるから、長《なが》うかゝりたなれど、もうわかるばかり、実地《じっち》をして見《み》せてやるから、一日《にち》ましによく判《わか》る世《よ》がまゐりたぞよ、永《なが》くかゝりて致《いた》した仕組《しぐみ》であるから、判《わか》るのにも骨《ほね》が折《を》れたなれど、判《わか》りかけたら実地《じっち》をして見《み》せてやるから……。

（明治三十六年正月三日）

（二十）いちれつの改心

☆しんぢつの神《かみ》のはたらきしかけたら、世界《せかい》いちれつこゝろすみきる。

○世界《せかい》に大《おほ》きなことや、かはりたことの出来《でき》るのは、皆《みな》この金神《こんじん》のわたる橋《はし》であるから、世界《せかい》の出来《でき》ごとを考《かんが》へたら、神《かみ》のしぐみが判明《わか》りてきてまことの改心《かいしん》が出来《でき》るぞよ。

（明治二十六年…月…日）

（二十一） 親のいけん

☆どのやうな事《こと》がありてもあんじなよ、なにかよろづは親《おや》のいけんや。

○此世《このよ》のもとをこしらへた、日本《にほん》の天《てん》と地《ち》との根本《こんぽん》のまことの王《わう》で治《おさ》める時節《じせつ》がまゐりて来《き》たから、明治《めいぢ》二十五年《ねん》から、今《いま》につゞいて知《し》らしてあるぞよ。世界《せかい》の今度《こんど》の大戦《おほたた》争《かひ》は、世界中《せかいぢう》の人民《じんみん》の改心《かいしん》のためであるぞよ。（大正六年旧二月九日）

（二十二） 今迄と道がかわる

☆今《いま》までと道《みち》がころりとかはるでな皆《みな》いちれつはしょちしてゐよ。

○今迄《いままで》とは神《かみ》の守護《しゅご》がかはるから、法律制度《はふりつやりかた》が変《かは》りて、是迄《これまで》の事《こと》は何《なに》も用《もち》ひん、元《もと》の神《しん》国《こく》へ世《よ》を復帰《もど》すから、従前《これまで》の事《こと》を申《まを》して威張《ゐば》りて居《を》りても、何《なん》の効《こう》もないぞよ。従前《これまで》の世《よ》は逆様《さかさま》の世《よ》で、世界《せかい》を創造《こしら》へた神《かみ》、世界《せかい》を守《まも》る神《かみ》が人民《じんみん》にアヤマリて居《を》りたが神《かみ》の神力《しんりき》が出《で》る世《よ》が参《まゐ》りて、是《これ》からは覿面《てきめん》に、何《なに》によらず別《わ》けて見《み》せるぞよ。天地《てんち》が本然《もと》へもどりて、神《かみ》が上《うへ》に成《な》り人民《じんみん》が下《した》にならねば、世《よ》は治《おさ》まりは致《いた》さんぞよ。

（明治三十二年二月）

（二十三）道が無うては表になれぬ

☆はやくと表《おもて》でやうとおもへども、道《みち》がのうては出《で》るに出《で》られん。

○此艮之金神《このうしとらのこんじん》のしぐみは、筆先《ふでさき》をよく腹《はら》へ入《い》れて、行《おこな》ひさへ出来《でき》るやうになりたら、いやと申《まを》しても表《おもて》になるなれど、いまの行状《おこなひ》では、表《おもて》になりても充分《じうぶん》の神力《しんりき》が出《だ》されんから、早《はや》く行《おこな》ひかへてくれいと申《まを》すのぢやぞよ、あれでなりやこそと、他人《ひと》から見《み》ても申《まを》すやうになりたら、ぬしがてに表《おもて》になるぞよ。従来《これまで》の行《や》り方《かた》してをりて、艮《うしとら》の金《こん》神《じん》を表《おもて》に出《だ》そうと致《いた》してもいつになりても表《おもて》にはならんから、こゝが判《わか》らんと、何時《いつ》までも皆《みな》が苦《くる》しむばかりぢやぞよ。

（明治三十五年旧七月十六日）

（二十四） 最後の改心はまにあわぬ

☆それ故《ゆゑ》に出《で》かけてからはどもならん、そこで一れつしやんたのむで。

○これ丈《だ》けに気《き》をつけて居《を》るのに聞《き》かずして、我《われ》と我身《わがみ》が苦《くる》しみて、最後《どんじり》で改心《かいしん》を致《いた》しても、モウ遅《おそ》いぞよ。厭《いや》な苦《くる》しい根《ね》の国底《くにそこ》の国《くに》へ落《おと》されるから、さう成《な》りてから地団太踏《ぢだんだふ》みてヂリ〳〵悶《もだ》へても、そんなら赦《ゆる》してやると云《い》ふ事《こと》は出来《でき》んから、十分《ぶん》に落度《おちど》の無《な》いやうに、神《かみ》がいやに成《な》りても、人民《じんみん》を助《たす》けたい一心《しん》であるから、何《なん》と云《い》はれても今《いま》に気《き》をつけるぞよ。

（大正五年旧十一月八日）

（二十五） 慾と高慢

☆ちか道《みち》も慾《よく》もこうまんないやうに、たゞひとすじのほん道《みち》にでよ。

○神《かみ》の道《みち》では、慢心《まんしん》と慾《よく》とが一番《ばん》きざはりであるぞよ。金神《こんじん》の世《よ》になれば慾《よく》をすて神《かみ》にもたれたなれば、何《なに》も不自由《ふじいう》は到《いた》さねども、何程申《なにほどまを》しきかしても、誠《まこと》の者《もの》が無《な》きゆへに、チットも物事《ものごと》が思《おも》ふやうに行《ゆ》かんのは、我身《わがみ》の心《こころ》が悪《わる》いのぢやぞよ。

（明治三十一年十一月五日）

（二十八）神が勇めば世もいさむ

☆しんじつの神《かみ》のざんねんはれたなら、世界《せかい》のこゝろみな勇《いさ》みでる。

○此《こ》の世界《せかい》は浮《う》き島《しま》であるから、世界《せかい》の人民《じんみん》の精神善《せいしんよ》くば、世《よ》も治《おさ》まりて行《ゆ》くなれど、人民《じんみん》の心《こころ》あしくば、天《てん》も地《ち》も何事《なにごと》もその通《とほ》りに曇《くも》りて了《しま》ふのぢや。世界《せかい》の人民《じんみん》が神《かみ》のきかいに適《かな》ふた行《おこな》ひをしてくれば、神《かみ》が勇《いさ》むから人民《じんみん》も歓喜勇躍《いさむ》なれど、悪《あく》の世《よ》は人《ひと》の事《こと》はチットも構《かま》はん、強《つよ》い者《もの》がちの利窟《りくつ》で勝《か》ちさへしたら、通《とほ》りたなれど、終《しま》ひには共食《ともぐ》ひを致《いた》さな行《ゆ》けぬやうに成《な》るぞよ。

（明治三十六年五月六日）

（二十七）学では判らぬ

☆いかほどに見《み》えたる事《こと》をいふたとて、元《もと》をしらねば（さきでみゑねば。）わかるめはなし。

（4—106）

○大国常立尊《おほくにとこたちのみこと》、変性男子《へんしやうなんし》の御魂《みたま》が、大出口《おほでぐち》の神《かみ》と現《あら》はれるぞよ。是《これ》から表面《おもて》にあらはれて、世界《せかい》へ神力《しんりき》を見《み》せてやるぞよ。さうなる迄《まで》に世界《せかい》の人民《じんみん》が改心《かいしん》をしておかんと、天地《てんち》が覆《かへ》りて居《を》るのを、大元《もと》へ復《かへ》すのであるから人民《じんみん》の智慧《ちえ》や学《がく》では出来《でき》ぬ神業《こと》であるぞよ。まことの経綸《こと》は、智慧《ちえ》や学《がく》や世《よ》に出《で》て居《を》れる人民《じんみん》では了解《わかり》は致《いた》さぬぞよ。生《うま》れ赤子《あかご》の本心《こころ》に復《かへ》らんと、神《かみ》の心《こころ》は判《わか》らんから、肝腎《かんじん》の御用《ごよう》は勤《つと》まらんぞよ。

（大正元年旧七月四日）

(二十八)　言置にも書置にもないこと

☆みえてからといてかゝるは世界《せかい》なみ、見《み》えん先《さき》からといて置《お》くぞや。

☆これからは此世《このよ》はしめて何《なに》もかも、ない事《こと》ばかりゆいかけるなり。

○きゝたくばどんな事《こと》でもといて聞《き》かせる世界《せかい》の大本《おほもと》であるから、昔《むかし》から言置《いひおき》にも書置《かきおき》にも、書物《しょもつ》にもないこと、元《もと》の根本《こんぽん》のことから、行《ゆ》く先《さき》の事《こと》からを、いろは四十八文字《もじ》で、書《か》いてある事《こと》が皆《みな》でゝ来《く》るから、いろはの勉強《べんきやう》をしてをかんと、日本《にほん》の大和魂《やまとだましい》になれんぞよ。

(二十九)　天地の守護神

☆月日《つきひ》より引《ひ》きうけすると言《い》ふのもな、もとの因縁《いんねん》あるからのこと。(11—29)

○大国常立尊《おほくにとこたちのみこと》は押込《おしこ》まれて居《を》りて、世界《せかい》の事《こと》、向《むか》ふの国《くに》の事《こと》、何《なに》もよく査《しら》べてある、日《に》本《ほん》の国《くに》の山《やま》の隅々迄《すみずみまで》の事何《ことなに》もよく査《しら》べてあるぞよ。それで此世《このよ》の閻魔《えんま》と此方《このほう》を申《まを》すのであるぞよ。怖《こは》い計《ばか》りが閻魔《えんま》でないぞよ。閻魔《えんま》と申《まを》すは、天地《てんち》の創造《はじまり》の事《こと》から、神界《かみ》の起源《はじまり》の事《こと》から、仏事《ぶつじ》になる事《こと》から、仏事《ぶつじ》が学《がく》で一旦《たん》は盛《さか》る事《こと》から、その学《がく》がこれ丈《だけ》栄《さか》えた学《がく》の終《おは》る事《こと》から、末代《まつだい》の事《こと》、今度《こんど》二度目《どめ》の世《よ》の立替《たてかへ》をして、其先《そのさき》は人民《じんみん》では見《けん》当《とう》が取《と》れんなれど何《なに》も仕組《しぐみ》がしてありて爰迄《ここまで》の事《こと》を耐《こば》りつめて、これ程艱難《ほどかんなん》を致《いた》して、向後《このさき》の世《よ》は末代続《まつだいつづ》かせねばならんのである……。

（大正五年旧三月六日）

（三十）人民は神の容器

☆しかときけ口《くち》は月日《つきひ》がみなかりて、こゝろは月日《つきひ》みなかしてゐる。

○日本《にほん》の国《くに》の人民《じんみん》は、神《かみ》の容器《いれもの》に造《こしら》いてある大切《だいじ》の肉体《にくたい》を、外国《ぐわいこく》の悪神《あくがみ》に自由《じいう》にしられて今《いま》の体裁《ていさい》、神《かみ》は人民《じんみん》を守護《しゅご》致《いた》して宜《よ》くする也《なり》。人民《じんみん》は神《かみ》を敬《うやま》ひて、将来《このさき》を見《み》て一度《ど》に改心《かいしん》を致《いた》されよ。余《あま》りの事《こと》で神《かみ》も耐袋《こらへぶくろ》がきれて来《き》たぞよ、余《あま》り神《かみ》には水臭《みづくさ》いぞよ。
（大正四年旧六月二十日）

（三十一）神からさせられている

☆今日《けふ》までは何《なに》も知《し》らずににんげんの、心《こころ》ばかりでしんぱいをした。

○従来《これまで》は暗《くら》がりの世《よ》でありたから、何《なに》も解《わか》らなんだ事《こと》が解《わか》りて来《き》て、向后《このさき》は嬉《うれ》しく〳〵の末代凋堕《まつだいしほ》れん生花《いけばな》の咲《さ》く世《よ》が参《まゐ》りて来《き》て、嬉《うれ》しく〳〵で御用《ごよう》が出来《でき》るから、従《したが》ふ所《ところ》へは従《したが》ふて温順《すなほ》に致《いた》せば、其日《そのふ》から嬉《うれ》しく〳〵で暮《くら》して行《ゆ》ける時節《じせつ》が循《まは》りて来《き》たぞよ。温《すな》順《ほ》な守護神《しゅごじん》に使《つか》はれて居《を》る肉体《にくたい》から良《よ》く致《いた》してやるから、一寸《ちよつと》でも敵対《てきたう》て来《く》る守護神《しゅごじん》は、自己《われ》の身体《からだ》は我《わ》が自由《じいう》に成《な》りはせんぞよ、善《よい》と悪《わるい》との鑑《かが》みが出《で》るから、善《よ》い鑑《かが》みを見《み》て改心《かいしん》を致《いた》されよ。お筆先通《ふでさきどほ》りの世《よ》が参《まゐ》りて来《き》て、温順《すなほ》な守護神《しゅごじん》に使《つか》はれて居《を》る肉体《にくたい》は大変《たいへん》良《よ》くなるが、敵対《てきた》うて見《み》よれ、自己《われ》の身体《からだ》がわが自由《じいう》にならんのが、自己《われ》が為《し》て居《を》ると思《おも》ふて居《を》るのが、させられて居《を》るのであるぞよ。

（大正七年旧三月十五日）

（三十二）神が誠の人に憑りて

☆だんだんと月日《つきひ》たいない入《は》りこんで、ぢうよ自在《じざい》をしてかゝるでな。

（10—5）

○今《いま》の人民《じんみん》は神《かみ》から見《み》ると、あまり心《こころ》が悪道《あくだう》なから、正真《しんしょう》の神《かみ》が世界《せかい》たすけの教《をしへ》の誠《まこと》を申《まを》してしらしてやりても、誠《まこと》にいたさぬが、見《み》ておざれ、誠《まこと》の神《かみ》が人《ひと》に憑《うつ》りて、誠《まこと》の花《はな》を咲《さ》かすぞよ。

（明治三十三年正月）

（三十三）我の口から

☆これをばな露《あら》はれだすと言《い》ふのもな、めゑ〳〵の口《くち》で皆《みな》ゆひかける。（14—69）

○モ一《ひと》つ此《こ》の先《さき》を悪《あく》を強《つよ》く致《いた》して、この現状《なり》で世《よ》を建《たて》て行《ゆ》く、どいらい仕組《しくみ》をして居《を》るなれど、モウ悪《あく》の霊《れい》の利《き》かん時節《じせつ》がめぐりてきて、悪神《わるがみ》の降服致《おうぜういた》す世《よ》になりて来《き》たから、我《われ》の口《くち》から、我《われ》が企《たく》みて居《を》りたことを、全然白状致《さつぱりはくじやういた》す世《よ》になりたぞよ。

（大正四年旧十二月二日）

（三十四）悪神の化けの皮

☆はたらきも何《なん》の事《こと》やらしろまいな、世界《せかい》のこゝり皆《みな》あらはすで。（14—68）

○日本《にほん》は結構《けつかう》な神国《しんこく》と申《まを》せども、今《いま》の日本《にほん》は上《うへ》から下《した》まで薩張《さつぱ》り曇《くも》り切《き》りて、外国人《ぐわいこくじん》に見下《みさ》げられて了《しま》ふて、何一《なにひと》つ日本《にほん》の言《い》ひ前《まへ》が立《た》たんことに成《な》って来《き》て居《を》るぞよ。何《なに》ほど智者《ちしや》でも学者《がくしや》でも、叶《かな》はん事《こと》に成《な》りて居《を》るぞよ、日本《にほん》は神徳《しんとく》でないと国《くに》は立《た》たんぞよ。日本《にほん》の人民《じんみん》が皆外国《みなぐわいこく》の政治《せいち》の行《や》り方《かた》で、末代世《まつだいよ》がつゞくやうに惚《ほ》れ込《こ》みて居《を》るなれど、十年先《ねんさき》を見《み》てござれよ、外国《ぐわいこく》の悪《あく》の行《や》り方《かた》は化《ばけ》の皮《かは》を脱《む》いて見《み》せてやるぞよ。

（明治四十三年四月十八日）

（三十五）子を思う親ごゝろ

☆人間《にんげん》のわが子《こ》おもふもおなじこと、こわきあぶなき道《みち》をあんじる。

○人民《じんみん》は何《なに》をして見《み》せても、明白《ありやか》に云《い》ふてやらねば能《よ》う解《わ》けず、言《い》ふてやれば誠《まこと》にいたさず、放任《ほか》して置《お》けば仏法《ぶつはふ》へ陥《はま》るし、親《おや》が児《こ》を思《おも》ふと同《おな》じ事《こと》で、児《こ》が滝壷《たきつぼ》へ陥《はま》るのを見《み》ては居《を》れず、言《い》ふてやれば悪《わる》くとりて火《ひ》に成《な》りて怒《おこ》るし、神《かみ》も辛《つら》いぞよ。神《かみ》の心《こころ》も推量《すゐりやう》して下《くだ》され。人民助《じんみんたす》けたさの事《こと》であれど、改心《かいしん》できんと見苦《みくる》しき身魂《みたま》は神《かみ》が引《ひき》取《と》らんと、醜穢《きたな》きものは棄《ほか》さねば世《よ》の穢《けがれ》となるから、可愛想《かあいさう》でも何《なに》が有《あ》らうやら判《わか》らんぞよ。
（明治三十三年閏八月二日）

（三十六）因縁の身魂

☆この人《にん》ぢうどこにあるやら知《し》ろまいな、月日《つきひ》みわけて皆引《みなひ》きよせる。

○今度《こんど》の二度目《どめ》の世《よ》の立替立直《たてかへたてなほし》は、因縁《いんねん》のある身魂《みたま》でないと、御用《ごよう》には使《つか》はんぞよ。神《かみ》の御役《おやく》に立《た》てるのは、水晶魂《すゐしやうだま》の選抜《よりぬき》ばかり、神《かみ》が綱《つな》かけて御用《ごよう》を致《いた》すのであるから、今迄《いままで》世《よ》に出《で》て居《を》れる守護神《しゅごじん》は、思《おもひ》が大分違《だいぶんちが》ふぞよ。
（明治三十二年七月一日）

（三十七）善悪の審判

☆月日《つきひ》より皆《みな》それそれとみさだめて、善《ぜん》と悪《あく》とをみわけするぞや。
（8—52）

○此後《このさき》は善《ぜん》と悪《あく》との世《よ》の変《かは》り目《め》であるから、善悪《ぜんあく》のみたまを厳重《げんぢう》に審判《あらた》めて、それぞれ処置《しょち》をつけて、此世《このよ》をさっぱり洗《あら》ひかへと致《いた》すぞよ。

（明治三十六年五月六日）

（三十八）み魂の審判

☆同《おな》じ木《き》もだん〳〵手入《てい》りするもあり、そのまゝこかす木《きい》もあるなり。

○あまり見苦《みくる》しき身魂《みたま》は、此大本《このおほもと》の高天原《たかあまはら》へは寄《よ》りつかれんが、其身魂《そのみたま》が大多数《たっぴつ》あるぞよ、磨《みが》ける身魂《みたま》は磨《みが》きてやりて、日本神国《にっぽんしんこく》の中《なか》の守護《しゅご》をさすなれど、磨《みが》きかけの出来《でき》んのは、暗黒地獄《がいこくじごく》へやりて了《しま》ふから、茲《ここ》まで気《き》がつけてあるから。

（明治三十六年月七日）

（三十九）八柱の金神

☆用木《ようき》でもにんはたれともいはねども、もとは一本《ぽん》えだは八ほん。

○出口直《でぐちなほ》の八人《にん》の御児《おんこ》と、今《いま》までの筆先《ふでさき》に出《だ》してあるのは、八柱《やつはしら》の金神大将軍《こんじんだいしやうぐん》の事《こと》でありたぞよ。この八人《にん》の御児《おんこ》が、今度《こんど》は二度目《どめ》の岩戸開《いはとびら》きの御用《ごよう》に手柄《てがら》いたさして、末代名《まつだいな》を残《のこ》さして、結構《けつかう》な神《かみ》に祀《まつ》りて貰《もら》ふのであるぞよ。八人《にん》の御子《おんこ》の働《はたら》きは、是《これ》からボツ〳〵と現《あら》はれて来《く》るぞよ。人民《じんみん》の今思《いまおも》ひとは大変《たいへん》な違《ちが》ひであるぞよ。

（大正七年旧十月二十九日）

（四十）末で一つになる仕組

☆今《いま》までもどのやうな道《みち》もあるけれど、月日《つきひ》おしへん事《こと》はないぞや。

（10―42）

○外国《ぐわいこく》の宗教《しうきやう》と申《まを》しても、元《もと》は天地《てんち》の先祖《せんぞ》の教《をしへ》であるから、日本《にほん》の教《をしへ》の枝葉《えだは》であるから、余《あま》り悪《わる》く申《まを》して枝葉《えだは》を伐《き》ると、幹《みき》が却《かへ》って発育《そだ》たぬから神《かみ》は元《もと》は一株《かぶ》であるから、それで是《これ》までの筆先《ふでさき》に、谷々《たにだに》の小川《をがわ》の水《みづ》も大河《おほかは》へ末《すゑ》で一《ひと》つの海《うみ》に入《い》る経綸《しぐみ》であると申《まを》してあろうがな。

（大正八年一月二十五日）

（四十一）教会とりつぎの堕落

☆月《つき》日《ひ》より教《をし》へることは皆《みな》けして、あとは人《にん》げん心《こころ》ばかりで。

（6—123）

○天理王《てんりわう》の守護神《しゅごじん》も布教師《とりつぎ》もあらため致《いた》してあるから、そろ〳〵と化《ば》けの皮《かは》が現《あら》はれるぞよ。おみきどのも誠《まこと》の御方《おかた》で、結構《けっかう》な教《をしへ》を致《いた》して、神国《しんこく》の道《みち》を開《ひら》いて下《くだ》されたのは、神国《しんこく》のために結構《けっかう》であれども、跡《あと》の……が何《なに》も判《わか》らんから、肝心《かんじん》の神《かみ》の精神《せいしん》は汲《く》みとれず、到頭《たうたう》世界《せかい》並《なみ》に、宗教《しうきやう》の仲間《なかま》入《い》りを致《いた》して了《しま》ふて今《いま》の天理教《てんりけう》の行《や》り方《かた》と申《まを》すものは、まるで商法《しやうはふ》と同《おな》じ事《こと》に成《な》りて居《を》るが永《なが》らくの間《あひだ》艱難辛苦《かんなんしんく》をして、道《みち》を開《ひら》かれた教《けう》祖《そ》どのに、何《なん》と申《まを》して言分《いひわ》けが立《た》つと思《おも》ふて居《を》るか、おみきどのに気《き》の毒《どく》であるぞよ。

（大正八年一月十九日）

（四十二）世界の大掃除

☆この道《みち》はうちも世界《せかい》もへだてない、世界《せかい》ぢうのむねのそうぢや。

○世界《せかい》の大戦《おほたたか》ひで、世《よ》をかへしてと思《おも》たなれど、戦《たたか》ひだけでは隅々《すみずみ》の掃除《さうじ》したそと家々《いへいへ》をよくあらためて、みたまのめぐりの掃除《さうじ》いたさなならんから、世界隅々《せかいすみずみ》まで人民《じんみん》の心《こころ》が悪《わる》くなりて居《を》るから、家々《いへいへ》をすつくりそうじ致《いた》すぞよ。そいたさんと、水晶《すいしやう》の世《よ》にはならんから、あらため致《いた》して実地《じつち》して見《み》せても、なにも判《わか》りて居《を》るまいがな。変性男子《へんしやうなんし》すつくりと現《あらは》れると世界《せかい》に出《で》てくる事《こと》、ひとの事見《ことみ》て居《を》ると、恐《こは》うなりて、ほつとごんと改心《かいしん》が出来《でき》るなれど、今からの改心《かいしん》は、もおそくなるぞよ。

（明治三十六年三月二十九日）

（『天理教祖の筆先と大本神諭』　終）

【附言】

本編「はしがき」に「天の将軍国常立尊は耶蘇聖書に最後の審判の日に当ってキリスト（弥勒菩薩）の再臨を天のラッパを吹き鳴らして警告する役目の「天使《てんのつかい》の長《おさ》ミカエル」である。（谷口正治著『皇道霊学講和』参照）それが神懸りしてお筆先を出すと云うことは、世界の終末、弥勒菩薩下生の日、キリスト再臨の日、最後の審判の日が近づいて来た証拠である」との記載がある。

この「ミカエル」の意について、『霊界物語』第六巻第二八章「身変定」（ミカエル）、及び第六一巻第一一章「神浪」に説明がある。それによるとミカエルとは「天地人、現幽神の三界すなわち三《み》を立替える神人、という意味なり」とあり、また「この世の終末は近づきぬ　瑞の御魂のミカエルは　八重たな雲をかきわけて　東の空のエルサレム　ヨルダン河の上流に　千座を負ひて生れましぬ　……清めの主の再臨を　仰げよろこび迎へかし……さばきの声のいと高く　聞こゆるまでに魂を　研き清めてそなへせよ」と記される。（本書第四編・第三章「二霊活動」を参照下さい。）

第三編　弥勒大神の因縁と天理教〝こふき〟

第一章　弥勒神の因縁

六六六の大神と五六七の大神

【出典】（『神霊界』大正八年三月一日号）

大正八年二月十八日（旧正月十八日）にしめされた『伊都能売神諭《いづのめしんゆ》』の一部。弥勒の大神、日の大神、国常立尊の御因縁、さらに六六六の大神のゝ《ホチ》の一霊が下って五六七の弥勒の働きをされる経緯が示される。

この地《ち》の世界《せかい》の初《はじま》りは世界《せかい》一体《たい》に泥海《どろうみ》であって、光《ひか》りも温《ぬく》みも何《なに》ものものもなかりたぞよ。丁度譬《ちょうどたと》えて云《い》えば朧月夜《おぼろづきよ》の二三層倍《そうばい》も暗《くら》い冷《つめ》たい世界《せかい》で、山《やま》も河《かわ》も草木《くさき》も何一種《なにひといろ》なかったのであるぞよ。その泥《どろ》の世界《せかい》に身《み》のたけは五百丈《じょう》ばかり、身《み》の太《ふと》さは三百丈《じょう》ほどもある蛇体《じゃたい》の荒神《あらがみ》が住居《すまい》しておられたのが、御精神《ごせいしん》のよい大神様《おほかみさま》の前身《ぜんしん》で、これが五六七《みろく》の大神様《おほかみさま》とおなりあそばしたのであるぞよ。

誠《まこと》にのどやかな御神姿《おすがた》で、鱗《うろこ》は一枚《まい》もなし、角《つの》も一本《いっぽん》もなし、体《からだ》の色《いろ》は青水晶《あおすいしょう》のような立派《りっぱ》な神様《かみさま》で、天地《てんち》の元《もと》の祖神《おやがみ》となられたのであるぞよ。この世《よ》を創造《そうぞう》して、天地《てんち》を開《ひら》くことに非常《ひじょう》に苦心《くしん》あそばしましたのが、この大神様《おほかみさま》が第《だい》一番《ばん》で、ミロクの大神《おほかみ》ともツキの大神《おほかみ》とも申《もう》し上《あ》げる御神様《おんかみさま》であるぞよ。

世界《せかい》を造《つく》るについて非常《ひじょう》に独神《ひとり》で御心配《ごしんぱい》をあそばしてござるところへ、同《おな》じく似《に》たような御神姿《おすがた》の大蛇神《だいじゃしん》が現《あら》われたが、この神《かみ》には頭《あたま》に十六本《ぽん》の角《つの》が生《は》えて、その角《つの》の先《さき》から大変《たいへん》な光《ひか》りが現《あら》われておる神様《かみさま》に、六六六《みろく》の大神様《おほかみさま》が世界創造《せかいそうぞう》の御相談《ごそうだん》をおかけになったのであるぞよ。

○

さてその時《とき》の六六六《みろく》の大神様《おほかみさま》の言葉《ことば》には、いつまでこうして泥《どろ》の世界《せかい》の暗《くら》い所《ところ》に住居《すまい》をいたしておっても、何《なに》一つの楽《たの》しみもなし、何《なん》の功能《こうのう》もなし、たくさんの眷属《けんぞく》もあることなり、何《なん》とかいたして立派《りっぱ》な天地《てんち》を造《つく》りあげ、万《よろず》の眷属《けんぞく》の楽《たの》しく暮《くら》らすように致《いた》したいのが、我《われ》の大望《たいもう》であるが、そなた様《さま》は我《われ》の片腕《かたうで》となりて天地《てんち》を立《た》て別《わ》け、美《うる》わしき地上《ちじょう》の世界《せかい》を造《つく》るお心《こころ》は有《あ》りませぬかとお尋《たず》ねあそばしたら、日《ひ》の大神《おおかみ》の前身《ぜんしん》なる頭《あたま》に十六本《ぽん》の光《ひか》る角《つの》を生《は》やした大蛇神様《だいじゃしんさま》がお答《こたえ》には、我身《わがみ》は女体《にょたい》のことなり、かつまたこんな業《ごう》の深《ふか》い見苦《みぐる》しき姿《すがた》でありますから、あなた様《さま》のような御精神《ごせいしん》のよい、立派《りっぱ》な神様《かみさま》の片腕《かたうで》に成《な》るということは、恐《おそ》れ入《い》りてお言葉《ことば》に従《したが》うことが出来《でき》ませぬと大変《たいへん》にへりくだって御辞退《ごじたい》あそばしたなれど、六六六《みろく》の大神様《おおかみさま》が強《し》いてお頼《たの》みになり、我《われ》の片腕《かたうで》になるのはそなた様《さま》より外《ほか》にない、我《われ》が見込《みこ》んでおるからとの仰《おお》せに、日《ひ》の大神様《おおかみさま》も左様《さよう》なれば御本望《ごほうもう》の遂《と》ぐるまで我身《わがみ》の力《ちから》一ぱい活動《かつどう》いたしてみせます。

さる代《かわ》りに天地《てんち》が立派《りっぱ》に出来《でき》あがりましたら、我《われ》を末代《まつだい》あなた様《さま》の女房役《にょうぼうやく》といたして下《くだ》され、私《わたし》は女房役《にょうぼうやく》となりて万古末代世界《まんごまつだいせかい》を照《て》らします、との御約束《おやくそく》が地《ち》の高天原《たかあまはら》の竜宮館《りゅうぐうやかた》で結《むす》ばれたのでありたぞよ。

○

そこへ艮《うしとら》の金神《こんじん》の前身国常立尊《ぜんしんくにとこたちのみこと》の荒神《あらがみ》が現《あら》われて、世界《せかい》を造《つく》りあそばすお手伝《てつだい》を命《さ》して下《くだ》されとお願《ねが》い申《もう》し上《あ》げたのでありたぞよ。

そこで六六六《みろく》の大神様《おほかみさま》が早速《さっそく》に御承知《ごしょうち》くだされて仰《おお》せあそばすには、その方《ほう》は見《み》かけによらぬ誠忠無比《せいちゅうむひ》の神《かみ》であるから世界《せかい》の一切《さい》をまかすから、落度《おちど》のなきように致《いた》すがよかろうと仰《おお》せられ、そのうえに国常立之尊《くにとこたちのみこと》に思兼《おもいかね》の神《かみ》と申《もう》す御名《おんな》を下《くだ》され、八百万《やおよろず》の神様《かみさま》を天《あま》の山河澄《やす》の川原《かわはら》に集《あつ》めて一人《にん》の眷属《けんぞく》も残《のこ》さず相談《そうだん》の中間《なかま》へ入《い》れて大集会《だいしゅうかい》をあそばしたので、地《ち》のある限《かぎ》りに住居《すまい》いたしておれる蛇体《じゃたい》の神々様《かみがみさま》が集《あつま》り合《お》うて御協議《ごきょうぎ》のうえ、六六六様《みろくさま》の仰《おお》せのとおりに国常立之尊《くにとこたちのみこと》を総体《そうたい》の局《つぼね》に選《えら》み下《くだ》されたのであるぞよ。

そこで八百万《やおよろず》の神々《かみがみ》の意見《いけん》を聞《き》き取《と》りて、その由《よし》を五六七《みろく》の大神様《おほかみさま》へ申《もう》し上《あ》げたら、日《ひ》の大神伊邪那岐之尊様《おほかみいざなぎのみことさま》と月《つき》の大神五六七様《おほかみみろくさま》との御弐体《おふたかた》の大神様《おほかみさま》がさらに集会《しゅうかい》あそばして、国常立之尊《くにとこたちのみこと》を地《ち》の造《つく》り主《ぬし》と致《いた》すぞよとの御命令《ごめいれい》が下《くだ》されたので、この方《ほう》が地《ち》の主宰《しゅさい》となりて多陀与幣流地《ただよへるくに》面を修理固成《つくりかため》いたしたのであるぞよ。

○

天《てん》も水《み》（六《み》）中界《ちゅうかい》も水《み》（六《み》）下界《げかい》も水《み》（六《み》）で世界中《せかいじゅう》の天地中界《てんちちゅうかい》三才《さい》が水《み》（六《み》）ばかりでありた世《よ》に一番《ばん》の大将神《たいしょうがみ》の御位《みくらい》でお出《い》であそばしたので六《み》（水《み》）を三つ合《あわ》せてミロクの大神《おほかみ》と申《もう》すのであるが、天《てん》の水《みず》の（六《み》）の中《なか》から、ヽ《ほち》の一霊《れい》が地《ち》に下《くだ》りて五《いづ》（火《ひ》）と天《てん》が固《かた》まり地《ち》の六《み》（水《み》）に、ヽ《ほち》の一霊《れい》が加《くわ》わりて地《ち》は七《なな》（地成《なな》）となりたから、世《よ》の元《もと》から申《もう》せばミロクは六六六《みろく》なり、今《いま》の世《よ》の立直《たてなお》しの御用《ごよう》から申《もう》せばミロクは五六七《みろく》と成《な》るのであるから、六百六十六の守護《しゅご》は今《いま》までのミロクで、これからのミロクの御働《おはたら》きは五六七《みろく》となるのであるぞよ。

○

国常立之尊《くにとこたちのみこと》が世《よ》の元《もと》を修理固成《かためしめ》るについて、天地中界《てんちちゆうかい》の区別《くべつ》もなく、世界《せかい》は一団《だん》の泥土泥水《どろつちどろみず》で手《て》のつけようなかりたので、堅《かた》いお土《つち》の種《たね》をミロクの大神様《おほかみさま》にお願《ねが》い申《もう》し上《あ》げたら、大神様《おほかみさま》がすぐに御承知《ごしょうち》になりて一生懸命《いつしようけんめい》に息《いき》を吹《ふ》き懸《か》けなされて、一凝《こ》りの堅《かた》いお土《つち》が出来《でき》たのを国常立之尊《くにとこたちのみこと》のこの方《ほう》にお授《さず》けになりたので、その一団《だん》の御土《おつち》を種《たね》にいたして土《つち》と水《みず》とを立《た》て別《わ》け、山《やま》、川《かわ》、原《はら》、野《の》、海《うみ》をこしらえたのが地《ち》の先祖《せんぞ》の大国《おほくに》常立之尊《とこたちのみこと》であるぞよ。

（『神霊界』大正八年三月一日号）

【注】天地の剖判について、『霊界物語』第一巻・第二十章「日地月の発生」、第二十一章「大地の修理固成」、第二十二章「国祖御隠退の御因縁」を参照下さい。

第二章　天理教・元の理

（一）おふでさき　明治七年十二月　（七十七才）

このたひハめづらしき事をゆいかける
　心しづめてこれきいてくれ　（6―1）

なに事も神のする事ゆう事や
　そばにしんバいかける事なし　（6―2）

このはなしどふどしんぢつ一れつわ
　心しづめてしよちしてくれ　（6―3）

……………

いまゝてにない事ばかりゆいかけて

よろづたすけのつとめをしへる （6—29）

このつとめ十人にんぢうそのなかに
　もとはぢまりのをやがいるなり （6—30）

いざなぎといざなみいとをひきよせて
　にんげんはぢめしゆごをしゑた （6—31）

このもとハどろうみなかにうをとみと
　それひきだしてふう〱はちめた （6—32）

このよふの元はじまりハとろのうみ　そのなかよりもどぢよばかりや （6—33）

そのうちにうをとみいとがまちりいる　よくみすませばにんけんのかを （6—34）

それをみてをもいついたハしんぢつの　月日の心ばかりなるそや （6—35）

このものにどふくをよせてたん〱と　しゆこふをしゑた事であるなら （6—36）

このどふくくにさづちいと月よみと　これみのうつゑしこみたるなら　(6―37)

くもよみとかしこねへとをふとのべ　たいしよく天とよせた事なら　(6―38)

それからハたしかせかいを初よと　神のそふだんしまりついたり　(6―39)

これからわ神のしゆごとゆうものハ　なみたいていな事でないぞや　(6―40)

いまゝてにない事ばかりはちめるわ　なにをゆうのもむつかしき事　(6―41)

このよふをはちめかけたるしんぢつを　たれかしりたるものハあるまい　(6―42)

これかハとのよな事もたんくと　ゆうてきかするうそとをもうな　(6―43)

にんけんをはぢめかけたハうをとみと　これなわしろとたねにはじめて　(6―44)

このものに月日たいない入こんで　たんくしゆごをしゑこんだで　(6―45)

このこかす九をく九まんに九せん人　九百九十に九人なるそや　(6―46)

この人を三か三よさにやどしこみ　三ねん三月とゝまりていた　(6―47)

それよりもむまれたしたハ五分からや　五分五分としてせへぢんをした（6—48）
このものに一どをしゑたこのしゆごふ　をなぢたいない三どやどりた（6—49）
このよふのしんぢつの神月日なり　あとなるわみなどふくなるそや（6—50）
にんけんをはぢめよふとてたん〳〵と　よせてつこふたこれに神なを（6—51）
いざなぎといざなみいとが一の神　これてしよこの大じんくゝなり（6—52）
またさきハなにかたん〳〵とくけれど　いまゝでしらん事ばかりやで（6—53）
このさきハなにをゆうてもにんけんを　はぢめかけたる事ばかりやで（6—54）

（二）元の理・註釈（「こふき」）

（『おふでさき・註解釈』、『天理教教典』、『元の理を掘る』平野知一著、『はじめの物語』本多正昭著、天理教道友社発行）

この世の元初《もとはじま》りは、どろ海《うみ》であった。月日親神《つきひおやがみ》は、この混沌《こんとん》たる様《さま》を味気《あじけ》なく思召《おぼしめ》し、人間《にんげん》を造《つく》り、その陽気《ようき》ぐらしをするのを見《み》て、ともに楽《たの》しもうと思《おも》いつかれた。

そこで、どろ海中《うみなか》を見澄《みす》まされると、沢山《たくさん》のどぢょの中《なか》に、うをとみとが混《まじ》っている。夫婦《ふうふ》の雛型《ひながた》にしょうと、先《ま》ずこれを引《ひ》き寄《よ》せ、その一《ひと》すじ心《こころ》なるを見澄《みす》ました上《うえ》、最初《さいしょ》に産《う》みおろす子数《こかず》の年限《ねんげん》が経《た》ったなら、宿《やど》し込《こ》みのいんねんある元《もと》のやしきに連《つ》れ帰《かえ》り、神《かみ》として拝《はい》させようと約束《やくそく》し、承知《しょうち》をさせて貰《もら》い受《う》けられた。

続《つづ》いて、乾《いぬい》の方《ほう》からしゃちを、巽《たつみ》の方《ほう》からかめを呼《よ》び寄《よ》せ、これ又《また》、承知《しょうち》をさせて貰《もら》い受《う》け、食《た》べてその心味《こころあじわい》を試《ため》し、その性《しょう》を見定《みさだ》めて、これ等《ら》を男一《おとこいち》の道具《どうぐ》、及《およ》び、骨《ほね》のつっぱりの道具《どうぐ》、又《また》、女一《おんないち》の道具《どうぐ》、及《およ》び、皮《かわ》つなぎの道具《どうぐ》とし、夫々《それぞれ》をうをとみとに仕込《しこ》み、男《おとこ》、女《おんな》の雛型《ひながた》と定《さだ》められた。いざなぎのみこと、いざなみのみこととは、この男雛型《おとこひながた》・種《たね》、女雛型《おんなひながた》・苗代《なわしろ》の理《り》に授《さず》けられた神名《かみな》であり、月《つき》よみのみこと、くにさづちのみこととは、夫々《それぞれ》、この道具《どうぐ》の理《り》に授《さず》けられた神名《かみな》である。

更《さら》に、東《ひがし》の方《ほう》からうなぎを、坤《ひつじさる》の方《ほう》からかれいを、西《にし》の方《ほう》からくろぐつなを、艮《うしとら》の方《ほう》からふぐを、次々《つぎつぎ》と引《ひ》き寄《よ》せ、これにも又《また》、承知《しょうち》をさせて貰《もら》い受《う》け、食《た》べてその心味《こころあじわい》を試《ため》された。そして夫々《それぞれ》、飲《の》み食《く》い出入《でい》り、息吹《いきふ》き分《わ》け、引《ひ》き出《だ》し、切《き》る道具《どうぐ》と定《さだ》め、その理《り》にくもよみのみこと　かしこねのみこと　をふとのべのみこと　たいしょく天《てん》のみこととの神名《かみな》を授《さず》けられた。

かくて、雛型《ひながた》と道具《どうぐ》が定《さだ》まり、いよいよここに、人間《にんげん》を創造《そうぞう》されることとなった。そこで先《ま》ず、親神《おやがみ》は、どろ海中《うみなか》のどぢょを皆食《みなた》べて、その心根《こころね》を味《あじわ》い、これを人間《にんげん》のたねとされた。そして、月様《つきさま》は、いざなぎのみことの体内《たいない》に、日様《ひさま》は、いざなみのみことの体《たい》内《ない》に入《い》り込《こ》んで、人間創造《にんげんそうぞう》の守護《しゅご》を教《おし》え、三日三夜《みっかみよさ》の間《あいだ》に、九億《おく》九万《まん》九千《せん》百九十九人《にん》の子数《こかず》を、いざなみのみことの胎内《たいない》に宿《やど》し込《こ》まれた。それから、いざなみのみことは、その場所《ばしょ》に三年三月《ねんみつき》留《とど》まり、やがて、七十五日《にち》かかって、子数《こかず》のすべてを産《う》みおろされた。

最初《さいしょ》に産《う》みおろされたものは、一様《いちよう》に五分《ぶ》であったが、五分《ぶ》五分《ぶ》と成人《せいじん》して、九十九年《ねん》経《た》って三寸《ずん》になった時《とき》、皆出直《みなでなお》してしまい、父親《ちちおや》なるいざなぎのみことも、身《み》を隠《かく》された。しかし、一度教《どおし》えられた守護《しゅご》により、いざなみのみことは、更《さら》に元《もと》の子数《こかず》を宿《やど》し込《こ》み、十月《とつき》経《た》って、これを産《う》みおろされたが、このものも、五分《ぶ》から生《うま》れ、九十九年《ねん》経《た》って三寸《ずん》五分《ぶ》まで成人《せいじん》して、皆出直《みなでなお》した。そこで又《また》、三度目《どめ》の宿《やど》し込《こ》みをなされたが、このものも五分《ぶ》から生《うま》れ、九十九年《ねんた》経って四寸《すん》まで成人《せいじん》した。その時《とき》、母親《ははおや》なるいざなみのみことは、「これまでに成人《せいじん》すれば、いずれ五尺《しゃく》の人間《にんげん》になるであろう」と仰《おお》せられ、にっこり笑《わろ》うて身《み》を隠《かく》された。そして、子等《こら》も、その後《あと》を慕《しと》うて残《のこ》らず出直《でなお》してしもうた。

その後《あと》、人間《にんげん》は、虫《むし》、鳥《とり》、畜類《ちくるい》などと、八千八度《はっせんやたび》の生《うま》れ更《かわ》りを経《へ》て、又《また》もや皆出直《みなでなお》し、最後《さいご》に、めざるが一匹《ぴき》だけ残《のこ》った。この胎《はら》に、男《おとこ》五人女《にんおんな》五人《にん》の十人《にん》ずつの人間《にんげん》が宿《やど》り、五分《ぶ》から生《うま》れ、五分《ぶ》五分《ぶ》と成人《せいじん》して八寸《すん》になった時《とき》、親神《おやがみ》の守護《しゅご》によって、どろ海《うみ》の中《なか》に高低《たかひく》が出来《でき》かけ、一尺《しゃく》八寸《すん》に成人《せいじん》した時《とき》、海山《うみやま》も天地《てんち》も日月《じつげつ》も、漸《ようや》く区別《くべつ》出来《でき》るように、かたまりかけてきた。そして、人間《にんげん》は、一尺《しゃく》八寸《すん》から三尺《じゃく》になるまでは、一胎《ひとはら》に男一人女一人《おとこひとりおんなひとり》の二人《ふたり》ずつ生《うま》れ、三尺《じゃく》に成人《せいじん》した時《とき》、ものを言《い》い始《はじ》め、一胎《ひとはら》に一人《ひとり》ずつ生《うま》れるようになった。次《つ》いで五尺《しゃく》になった時《とき》、海山《うみやま》も天地《てんち》も世界《せかい》も皆《みな》出来《でき》て、人間《にんげん》は陸上《りくじょう》の生活《せいかつ》をするようになった。

この間《あいだ》、九億《おく》九万年《まんねん》は水中《すいちゅう》の住居《すまい》、六千年《ねん》は知恵《ちえ》の仕込《しこ》み、三千九百九十九年《ねん》は文字《もじ》の仕込《しこ》みと仰《おお》せられる。

月日《つきひ》よりたん《だん》〳〵《だん》心《こころ》つくしきり　そのゆへなるのにんけ《げ》んである　（6—88）

(三)「天理王命様」とは

万物《ばんぶつ》を摂理《せつり》し給《たま》う「月日両神《つきひりょうしん》」、即《すなわ》ちこの世人間《よにんげん》を創造《そうぞう》し給《たま》い、守護《しゅご》し給《たま》う元《もと》の親神《おやがみ》様《さま》であって、この親神様《おやがみさま》の御守護《ごしゅご》の御理《おんり》の一つ一つに神名《かみな》をつけて、「十柱《はしら》の神名《かみな》」をお教《おし》え下《くだ》されている。十柱《はしら》の神名《かみな》とは、くにとことたちのみこと、をもたりのみこと、くにさづちのみこと、月《つき》よみのみこと、くもよみのみこと、かしこねのみこと、たいしょく天のみこと、をふとのべのみこと、いざなぎのみこと、いざなみのみことである。

まことに「天理王命様《てんりおうのみことさま》」は、全大宇宙《ぜんだいうちゅう》を創造《そうぞう》し、全宇宙《ぜんうちゅう》を身体《からだ》として、普《あまね》くひろく実在《じつざい》し守護《しゅご》し給《たま》う元《もと》の親《おや》、実《じつ》の神《かみ》であって、この世《よ》に於《お》ては、教祖様《きょうそさま》を神《かみ》のやしろとして元《もと》なるぢば。。に直《じ》きじき現《あらわ》れ給《たま》う神様《かみsま》である。即《すなわ》ち「天理王命様《てんりおうのみことさま》」の神名《かみな》はぢば。。末代《まつだい》の理《り》に授《さず》けられ教祖様《きょうそさま》は生《い》きて永遠《えいえん》にぢば。。に留《とど》まり給《たま》う。これを、「教祖存命《きょうそぞんめい》の理《り》」と言《い》う。まことに、元《もと》なるぢば。。こそは「天理王命様《てんりおうのみことさま》」の現《あらわ》れ給《たま》う所《ところ》、たすけ一条《じょう》の根元《こんげん》であり、本教信仰《ほんきょうしんこう》の生命《せいめい》である。

（『おふでさき・註解釈』より）

【附言】

○上帝一霊四魂を以て心を造り、而してこれを活物に付与す。地主、三元八力を以て体を造りこれを万有に与えたまう。故にその霊を守るものはその体、その体を守るはその霊なり。他神ありてこれを守るに非ず。これ神府の命永遠不易。

○人は小宇宙、天地の縮図といわれる。「人は神の子、神の宮」といって「霊・力・体」を結成している。人の姿は神の理想の結晶であって、神の姿そのもので、「人は天地経綸の司宰者也」と定義されている。元来人の生れてくるということは、現界の基礎をなしている世界的（霊界的）に活動すべき天使天人をこの世で養成するためで、肉体は天使、天人の雛型で、現界はそれを育てる苗代というべきものです。

○各種の宗教は人種、民族、国土、歴史、時代、文化等に応じて与えられた霊の糧《かて》であり、霊の薬であるから適不適がある。

第四編　大和紀行・龍門開き

第一章　吉野・龍門岳

（『神霊界』大正九年五月二十一日発行）

龍門山（岳）というのは奈良県吉野郡に位置する標高904メートルの北側にそびえる山である。吉野というと桜を連想するが、この龍門山は杉や檜に覆われた山である。

大正9年5月4日の夕拝後、出口聖師は教祖殿（綾部大本神苑内にあって第二次大本事件で破壊された）において、「龍門山出修」を発表された。

「明後六日出発。役員、信者の随伴を許す、近くの信者に通達するようにと。そして道中の心得について、①出発から帰綾するまでは十分謹慎すること。②必ず自由行動はとらないこと。③各自は必ず「黒玉」を持ち帰ること。④登山は7日午前5時のこと。　旅装については役員たちが相談して出口開祖の旅立ちに習い、ゴザ、ミノ、竹の笠を携帯することを決め、現地に向った。と湯浅仁斎氏は『神の国』誌（昭和10年3月号）・『出口王仁三郎十年目の弟子』。また大正9年5月16日『大本時報』「龍門岳参拝紀行」に松斎（井上留五郎）氏により書かれており、この出修が如何に重要視されていたかがわかる。

(一)地名・名所・旧跡詠込歌

大《ひろ》く正しき九年《こゝのとし》　皐月《さつき》の六日《むゆか》大本の　出口王仁《でぐちのわに》を初めとし　浅野総裁副総裁　小牧会長副会長　其他幹部の役員と　東《とう》、京《けい》、阪《はん》の信徒《しんと》等《ら》が　神の命《みこと》を畏《かし》こみて　大和の国は龍門の　神の聖地に向ふ也　古き神代の皇神の　教の光綾の里　九十五名の一行は　黄金《おうごん》閣《かく》を右に見て　勢《いきほ》ひ猛《たけ》く進む汽車　神の経綸《しぐみ》の神業を　尽さにゃ山家のトンネルも　何なく越えて和知《わち》の宿《しゆく》　爪先上《つまさきあが》りの線路をば　一目散に胡麻《ごま》の宿《しゆく》　田畑《たはた》縫《ぬ》ひ行く面白《おもしろ》さ　殿田《とのだ》の町や世木《せき》の村　白波《しらなみ》宇津《うつ》の川下に　浮ぶ船岡川辺村　桜も桃も散りぬれど　花の園部に駆《か》け付《つ》けぬ　ビール正宗《まさむね》菓子《かし》饅頭《まんじゆう》　唐板《からいた》弁当御茶《おちゃ》々《おちゃ》と　売子の呼声かしましく　早くも八木に降《くだ》り行く　黄《き》ばむ菜畑《なばたけ》右左　青き麦野の美《うるは》しく　万代《よろづよ》祝《いは》ふ亀岡の　城址は目近くなりにけり　天正《てんしよう》十年光秀が　立籠《たてこも》りたる鉄城《てつじよう》も　月日《つきひ》の駒の足迅《あしはや》く　変るも変わる大正《たいしよう》の　十年《ととせ》に光り秀《ひい》でたる　我大本の金城《きんじよう》と　鳴り渡るなり天《あめ》の下　四方

の国々隈もなく　誉《ほま》れも高し高熊の　霊山西に屹立《きつりつ》し　愛宕の仙峯端然《せんぽうたんぜん》と　雲間に高く
聳《そび》えたり

（二）

丹波山城国境　保津の流れ谷川の　景色見下ろす汽車の旅　岩を包みし雛《ひな》ツヽジ　処狭き迄咲乱れ　激湍飛沫《げきたんひまつ》の其中に　立並びたる屏風岩《びょうぶいわ》　算《かぞ》へ尽せぬ算盤岩《そろばんいわ》　仏者の尊《とうと》ぶ蓮《れん》花岩《げいわ》　嵐峡館《らんきょうかん》も右手《めで》に見て　聞くも目出度亀山の　長きトンネル越えにけり　千葉の葛《かづ》野《ぬ》を眺むれば　百千《もゝち》の家庭《やには》も賑はしく　心のなやみも嵐山　筏流《いかだなが》るゝ桂川　月照り渡る渡月橋《とげつきょう》　花より団子の嵯峨の駅　北には御室《おむろ》の仁和寺《にんなでら》　五重《いづゑ》の塔は雲をつく　仏祖《ぶっそ》を祭る釈迦の堂　一里の奥は清瀧《きよたき》の　源清《みなもときよ》き空也瀧《くうやだき》　八重垣神社に到るなり　花は見えねど花園と　人の称《とな》ふも妙心寺　高き堂宇《どうう》を北にして　二条線路の駅の空　隅《くま》なく晴れて

一行の　前途を祝する如くなり　物言《ものい》ふ花の咲匂ふ　嶋原《しまはら》見れば何となく　国の亡びの声高く　名にも添《そ》はざる丹波口　東と西の本願寺　仰ぐ伽藍《がらん》の高きのみ　阿弥陀も今は末法の　偶像《ぐうぞう》ならめや京人形　京都駅につきにけり　ゝゝゝゝ

（三）

神の経綸《しぐみ》も三千年の　一度に開く梅の花　梅田の大人《うし》の教子《をしえご》が　七条駅に堵列《とれつ》して　我一行を送りけり　乗込汽車は奈良通ひ　機関の音は気のせいか　同盟罷工《どうめいひこう》と響きつゝ売る筍子《たけのこ》のふしみ駅　遥《はるか》にかすむ桃山の　明治御陵《めいじごりよう》を伏拝み　乃木《のぎ》の神社を上に見て上《のぼ》る桃山小幡駅《もゝやまこばたえき》　小幡の宮に鎮《しづま》りし　磐余《いはれ》の天皇《きみ》を偲びつゝ　都《みやこ》の辰巳鹿《たつみしか》ぞ住む　世を宇治町《うじまち》の茶の名所　豊太閤《ほうたいこう》の汲上げし　宇治の流水ながむれば　迅瀬《はやせ》の大河物凄《たいがものすご》し　折から吹き来る初夏の風　長髪《ちょうはつ》そよぐ新緑《しんりょく》の　色を争ふ大野原　早新田《はやしんでん》に着きにけり　包

む四方山《よもやま》小椋沼《おぐらぬま》　眺めも殊に長池《ながいけ》の　玉水《たまみづ》汲まむ由もなく　玉露《ぎょくろ》覆《にほ》へる棚倉《たなくら》の　茂きは国の宝なり　宝の野辺を進む身も　皆上狛《みなかみこま》の恵みぞと　感謝《かんしゃ》間《ま》もなく木津《きづ》の駅　木津《きづ》なき身魂打揃ひ　笠を並べて奈良につく

（四）

仰《あほ》げば高し天《あま》の原　振りさけ見れば春日なる　三笠の山に照り渡る　月に名残《なご》りを惜《をし》みたる　安倍仲麿《あべなかまろ》の偲ばれて　憐《あわ》れと云ふも愚《おろ》かなり　仏寺《ぶつじ》の塔は空高く　人家《じんか》の屋根を見《み》降《おろ》せど　駅夫《えきふ》の案内《あんない》京終《きょうはて》と　聞くより仏経《ぶっきょう》果《は》てしかと　思へば暗雲低迷し　日陰全く隠れけり　暗《やみ》にかくれて帯解《おびとけ》の　梅かい忠平《ちうべい》が三輪の茶屋　家財売出す櫟本《いちもと》の　市も開かぬ丹波市
転輪王《てんりんおう》の大本部　中山美伎子《なかやまみきこ》の偉業こそ

甘露台《かんろだい》の基礎ぞかし　総《そう》じて神の大道《おほみち》は
成るも成らぬも神長柄《かんながら》　柳の本《もと》に二度三度
鰌《どじょう》は居らぬと覚悟して　天理を悟れ三輪大和《みわやまと》
心は高天《たかま》に参詣《まいもう》で　誠の道を味《あぢは》へよ

（五）

三種《さんしゅ》の神器《しんき》になぞらへし　天《あま》の香具山《かぐやま》畝火山《うねびやま》　耳成山は端然《たんぜん》と　国の中央《なかば》に鼎立《ていりつ》し　耳鼻口の山々を　一眼《ひとめ》に見るも興深《きょうふか》し　教の花も桜井の　駅に漸《ようや》く月《つき》にけり　眼口耳鼻《めくちみゝはな》強《つよ》くとも　脚下《あしもと》もろき弱武士《よはむし》は　心ならずも自動車の　厄介者《やっかいもの》となりにけり　危《あや》ふき野辺を走りつゝ　大原宿《おほはらしゆく》に一休み　松山町《まつやまちょう》を切抜《きりぬ》けて　上龍門《かみりゅうもん》の牧《まき》に着く　丸山老僧《まるやまろうそう》の草庵《そうあん》を　尋ねし時や午後三時　数多《あまた》の宝物拝観し　日も西山《せいざん》に傾けば　いよいよ乗出す

膝栗毛《ひざくりげ》　中龍門《なかりゅうもん》の柳村　加藤酒店に入相《いりあひ》の　鐘諸共《かねもろとも》につきにけり　湯浴《ゆあみ》も済みて夕飯《ゆうはん》の　海川山野《うみかわやまぬ》種々《くさぐさ》の　宴応《きょうおう》厚く感謝しつ　主人《あるじ》の誠意を喜びぬ

（六）龍門開き参加者詠込歌

神の出口の道開き（出口王仁三郎）　大龍王に見《なみ》えんと　仁愛慈尊《みろくじそん》の命もて（出口直霊）　直霊《なをひ》の軍引率《いくさいんそつ》し　教の道も大二《ひろつぐ》の（出口大二）　高木稜威《たかきみいづ》男仰ぎつゝ（高木稜威男）　たとへ湯川を渡るとも（湯川貫一）　貫《つらぬ》き通す一心の　心の中村真純也《なかむらますみなり》（中村純也）　桑原道《くわはらみち》も喜こびて（桑原道喜）　機嫌も吉田の泰三《やすみ》つゝ（吉田泰三）　龍門岳《りゅうもんだけ》に登り行く　深き谷々山の寿衛《すえ》（谷壽衛）　栗原伝ふ駿嶺《しゅんれい》も（栗原七蔵）　七宝成就虚空蔵《しちほうじょうじゅこくうぞう》の　春日《かすが》の瀧《たき》の奥深く（奥村芳夫）　杉の村立芳野山《よしのやま》　人夫が運ぶ藤の籠《かご》（藤松良寛）　一丈五尺の幹太《みきふと》き　松の真下《ました》に天《あめ》の瀧　後ろを藤久見渡《とうくみわた》せば（後藤康仁）　一行の足も

康仁《やすちか》の　多田麿《ただまろ》かれと太祝詞《ふとのりと》（多田玖仁麿）唱《とな》ふる声も口《くち》の内　東尾《ひがしお》見れば吉野山（東尾吉三郎）大和三山屹立し　堅き石井の神弥四郎《かみやしろ》（石井弥四郎）地龍《ちりゅう》の踊る神の馬場（馬場斎）満干《みちひ》の玉は日月《じつげつ》の　光に斉《ひと》し大槻の（大槻伝吉）御空を伝ふ有様は　眺め吉野の花曇り　浅野大和《あさのやまと》の旅の空（浅野和三郎）殊三良《ことさら》清《きよ》く美《うる》はしく　自ら心正さるゝ（浅野正泰）神仏泰《しんぶついやま》ひ皇室を　尊び奉る清僧《せいそう》の　住める小さき牧《まき》の村（小牧斧助）斧《おの》が身を捨て世の人を　普く救ひ助けむと　上龍門の谷の戸を（谷村正友）開ひて村雲《むらくも》吹祓《ふきはら》ひ　正しき友を招《よ》び集へ　露《つゆ》の萩原《はぎはら》かき分けて（萩原存愛）法《のり》の真森《まもり》の良仁《よしちか》や（森良仁）御国を思ふ赤心《まごころ》を　雲井の上に留五郎《とめごろう》（井上留五郎）神の使命は何処迄《どこまで》も徹《とう》さにゃ岡田の熊次郎（岡田熊次郎）隅なく遂げて田上倉《たかみくら》（上倉三之助）三ツ之御《みのみ》魂《たま》の御助《みたすけ》に　いよいよ治まる五六七《みろく》の代　下は国民大君は　上西《うえにし》あれば何時迄も（上西信助）信仰《まこと》の道の御助《みたすけ》に　輝き渡る鵲《かささぎ》の　橋の大本亮《あきら》かに（橋本亮輔）輔弼《ほひつ》の至誠

を尽すべし　忠義の花も桜井の（桜井同仁）　一視同仁神《いっしどうじんかみ》ごころ　細谷川も常永《とこしへ》に（谷川常清）　清く流れて澄渡る　神の稜威《みいづ》も高鉾の　山の頂き登りつめ　四方の景色を眺《なが》むれば　山又山の谷の本《もと》（谷本和雄）　緑の山川すがすがし　大和心の益良雄《ますらを》が　揃《そろ》ひ北《きた》るも大出口《おほでぐち》（北出駒吉）　神の教を畏《かしこ》みて　心の駒の進み吉《よ》く　龍門岳に来て見れば　神徳高皇産霊神《しんとくたかみむすびかみ》　賽者《さいしゃ》はいつも少名彦《すくなひこ》　新宮《しんぐう》ならぬ旧宮《ふるみや》に（新宮才一郎）　鎮まりますも畏こけれ　猪口才野郎《ちょこざいやろう》が市々《いちいち》に　恐れ多くも御扉に　卑猥《ひわい》の落書《らくがき》見憎《みにく》けれ　湯浅仁斎《ゆあさじんさい》大前《おほまへ》に（湯浅仁斎）　心を籠めて祈るらく　近藤御伴《こんどみとも》に仕へしは（近藤貞二）　貞《さだ》かに訳《わけ》は知らねども　大本二神《おほもとにしん》の御命令《ごめいれい》　土井《どい》らい幸男賜《さちをたま》へよと（土井幸男）　心に秘めて岩《いわ》岡《おか》の（岩岡春寿）　堅き祈りぞ尊とけれ　春寿儀初夏《はるすぎしょか》の山詣《やまもう》で　登り行身《ゆくみ》は高橋《たかはし》と（高橋謙一郎）　雖《いへ》ども心は謙一郎《けんいちろう》　心の奥は深町《ふかまち》の（深町泰仁）　泰仁自自若《たいじんじじゃく》と納まりて　木嶋完仁大度心《きじまかんじんだいどしん》（木嶋完仁）　青年隊を引率し　神の使命を果しけり　神の使命を果た

しけり

（七）

花散る跡に実を結ぶ　梅田の功績《いさほし》信之《のぶゆき》の（梅田信之）　真実《まこと》の行《おこなひ》美《うる》はしく（梅田信行）　花の都の姿なり　国の富貴《ふうき》は第一に　瑞穂《みずほ》の稲ぞ其次《そのつぎ》の（稲次要蔵）　要《かなめ》の宝は御蔵《みくら》せり　田中に立てる人影は（田中善臣）　国を富ますの善臣《よしをみ》か　慾《よく》に心は岡本《おかもと》の（岡本尚市）　尚《たか》きは市《いち》の守り也　高天原の大橋を　守るは西崎筭保氏《にしざきさんほうじ》（西崎筭保）　この大橋を渡り来る（大橋留吉）　曲日《まがひ》は直《なお》くに留《とめ》て吉《よ》し　たとへ樋川《ひかわ》に成るとても　渡り得ざるは神の徳（樋川徳太郎）　又太元《またおほもと》の権威なる　心の赤き信徒《まめひと》は　神の米倉嘉兵衛《よねくらかへい》なり（米倉嘉兵衛）　確信会《かくしんかい》の会長屋《かいちょうや》（長屋修吉）　修斎会《しゅうさいかい》の吉《よ》き幹事　役員信徒諸共に　龍門村《りゅうもんむら》野《の》一《いち》の瀧《たき》（村野瀧三郎）　二瀧三瀧いと高く　音笹川《おとささがわ》の水清く（笹川照雄）

朝日に照り合ふ雄々しさよ

（八）

青土《あおに》吉《よし》奈良《なら》の縣《あがた》の井《い》須《す》細《くは》し（土井三郎）　山野は蒼く川清く　三空《みそら》は高く明朗《ほがらか》に　東に西に谷長《たになが》く（西谷正康）　神代の姿《すがた》其儘《そのまま》に　正しき康《やす》き国の相《そう》　天《あめ》と地《つち》との其中《そのなか》井《い》（中井百太郎）　生れ出たる百《もも》の種　生成化育《せいせいかいく》止《や》まざるも　皆大神の仁慈《めぐみ》なる　何の容赦《ようしゃ》もあら磯《いそ》の（磯川三二郎）　急ぎ山川跋渉《やまかわばっしょう》し　三人五人十人と　小列《しょうれつ》造《つく》り登り行く　敏鎌《とがま》を腰に田人《たびと》等《ら》が（鎌田統一）　通ひし山路《やまじ》辿《たど》りつゝ　教統教監諸役員　心一つに固まりて　進む足並《あしなみ》矢《や》野《の》如《ごと》く（矢野祐太郎）　神の佑助《ゆうじょ》の充《みち》太郎《たろう》（足ふ）

（九）

真草《まぐさ》の山の谷前を（谷前定義）神の定めし義勇士《つはもの》が 泥土《どろ》にすべりつ井佐美行《いさみゆ》く 清き都の仲士迄《ひとまで》も（土井清都）草鞋《わらじ》脚絆《きゃはん》に身を装《やつ》し 野間田《のまた》山坂《やまさか》厭《いと》ひなく（野間田九八）九八《くは》しき道の案内者が 王仁《わに》を導き横田《よこた》はる（横田順之）杉の良材踏越へて 曲《まが》霊帰順《ひきじゅん》之《の》神軍士《しんぐんし》 明治維新の其砌《そのみぎり》 天誅組《てんちゅうぐみ》の籠《こも》りたる 高鉾山の頂に 豊栄登《とよさかのぼ》る日の本の（豊本景介）神の集まる光景を 紹介なせし神司《かむつかさ》 甘き真清水菊の御酒《みき》（清水菊蔵）村山の如《ごと》献《たてまつ》り（村山政光）神政維神の御光を 四方の国々嶋々に 照り輝かす大本の 神の経綸《しぐみ》ぞ尊とけれ

（十）

皇国斗りか柄谷《からたに》も（柄谷善弘）善《よ》く弘《ひろ》め行く神の道 大谷《おおたに》小谷《こたに》隈《くま》もなく（小谷哲）道

の哲理を覚し行く　清き国原照らしつゝ（清原雄満）伊都《いづ》の雄健《おたけび》踏《ふみ》たけび　円満具足
の如意宝珠《にょいほっしゅ》　玉の権威を松岡の（松岡歸満）鎮魂帰神《ちんこんきしん》の妙法《みょうほう》は　豊葦原の神宝也《たからなり》　心
に罪も内藤《ないとう》の（内藤正照）正直頭照《しょうじきあたまて》り渡る　春夏秋の山の影（秋山才一郎）三千才
の昔より　一つ心に艮《うしとら》の　皇大神の御経綸《ごけいりん》　鶴は千年亀万年（亀井巌義）真奈井の水
の厳々《いづいづ》し　仁義に厚き小笠原（小笠原義之）忠義之光空蟬《ちゅうぎのひかりうつせみ》の　黒白《あやめ》も分《わ》かぬ闇の世を
（黒田保治）田助保《たすけまも》りて治まれる　太平の御代ぞ松の国（平桜福三郎）下万民の幸福
を　与ふる三柱大御神　御宮の中野神憑《なかのかむがか》り（中野岩太）雨風岩の太神《おほかみ》や　諸神諸仏《しょしんしょぶつ》の
集ひ来て　捧ぐる幣佐野《ぬさの》いや清く（佐野時芳）時も芳野《よしの》の空高く　唱《との》ふる祝詞勇しく
雲井の上に亮《あき》らかに（井上亮）轟《とどろ》き渡る神の声

（十一）

満干《みちひ》の玉は古榎《いにしえ》の（榎本信守）本《もと》の宝と信徒《まめひと》の 守にかけて打仰《うちあお》ぐ 天龍神社の神の庭 西北遠《にしきたとほ》く見渡せば 鎌足公を祭りたる（鎌光龍也） 神の光りや多武《たぶ》の峰 龍《たつ》の天《あま》行《ゆ》く如く也 黒白青《こくはくせい》の石路を（白石括三） 人の先導《せんど》に括歩《かちあゆ》み 難なく登る三瓢《さんぴょう》の 腰に着けたる酒の香の（酒井一平） 井気《いき》ほい強く大本の 一行平気に進み行く 汚《けが》れ果てたる現世《うつしよ》に 身を岡崎の真人《まひと》等が（岡崎海潮） 海潮《うしほ》の如く寄せ来る 心は固き石井《いしい》大人《うし》（石井六郎） 天地六合《てんちりくごう》澄渡《すみわた》る 言霊《ことたま》の道清朗《みちほがらか》に 功有田《いさおありた》の九天《きゅうてん》に（有田九皐）轟《とどろ》き響く皐月空《さつきぞら》 雲井に上《のぼ》る権威以《ちからも》て（井上権十郎） 十曜《とよう》の御旗翻《みはたひるが》へし 下《くだ》る坂口安《さかぐちやす》良加《らか》に（坂口龍次郎） いや次々に龍門の 一二の瀧に落たきつ 水も澤田《さわだ》の己之助《みのたすけ》（澤田己之助） 荻野玉露《おぎのたまつゆ》掻別《かきわ》けて（荻野卯太郎） 歓喜《かんき》に卯太《うた》れ馬の背の 清き谷間に一休み 植込む櫟《くぬぎ》の下芝《したしば》に（植芝盛平） 法螺貝盛《ほらがいさか》んに吹き送る 声に応じて平安の

都に付きし心地して　瓜実顔《うりざねがほ》も生《い》き魂《だま》も（瓜生（金＝栄）吉）（金《こ》＝栄《う》）々としてみめ吉野《よしの》　頭《かしら》の丸い丸山が（丸山貫長）　誠貫《まことつら》ぬく長話し　高天原の上《かみ》の辻《つじ》（上辻喜久蔵）喜久蔵《きくぞ》嬉《うれ》しき此旅路　加藤治《かとうおさ》まる君が代は（加藤磯太郎）　何の汚《けが》れも荒磯《あらいそ》の（加藤辰治郎）　太き稜威や辰《たつ》の宮　治まる宝如意宝珠《たからにょいほうじゅ》（小出一也）　小さき玉も大出口《おほでぐち》　神の経綸《しぐみ》の一ツ也

（この外、京都駅見送人四八、木津駅見送人一七、龍門岳高鉾山登山補助された人一二の一人一首の詠込短歌は略します。）

（十二）

話《はなし》は後《あと》に坂登《さかのぼ》る　山《やま》の名《な》さへも高鉾《たかほこ》の　其頂上《そのいただき》に宮柱《みやばしら》　太知《ふとし》り建《た》てゝ千木《ちぎ》高《たか》く　しづまり居《い》ます天龍《てんりゅう》の　神《かみ》の社《やしろ》の大前《おほまへ》に　皇大神《すめおほかみ》の神勅《しんちょく》を　奏上《そうじやう》せむと御扉《みとびら》を　開《ひら》くや忽《たちま》ち

内陣《ないじん》に　進《すす》む教主補《きょうしゅほ》（＝輔《ほ》）王仁三郎《わにさぶろう》　忽《たちま》ち神人感合《しんじんかんごう》し　瑞《みづ》の御魂《みたま》の現《あら》はれて　いと厳《おご》
そかに宣《のた》まはく　当山守護《とうざんしゅご》の諸龍神《しょりゅうじん》　大和諸山《やまとしょざん》の諸眷属《しょけんぞく》　日本国中諸神仏《にほんこくちゅうしょしんぶつ》　直《ただ》ちに玆《こゝ》に
集《あつ》まりて　神の言葉を聞こし召せ　大正維新の神業は　金輪王《こんりんわう》の勅命《ちょくめい》を　神仏一々遵守
して　五六七出世《みろくしゅっせ》の暁の　其御尾前《そのみおさき》に根限《こんかぎ》り　力の限り尽されよ　早く綾部の高天《たかあま》の
聖地に昇りて神政に　参加すべしと詔《の》り玉ふ　諸神諸仏も勇み立ち　神の使いの金鵄鳥《きんしちょう》
二度迄社前にまひ下り　俄然強風福の神　七宝成就神の世と　鳴る神さへも歓こびて
轟《とどろ》き渡る三四声　電光《でんこう》ひらめき時ならぬ　白雨《ゆうだち》さへも降《ふ》り送《おく》る　実《げ》にも尊《たふ》とき言霊《ことたま》の
玉の力は如意《にょい》の如《ごと》　光り輝《かがや》き尊《たふ》とけれ　光り輝き尊とけれ
（以下読込歌略）

第二章　高鉾山

帰途の瑞祥・如意宝珠

善如龍王《ぜんにょりゅうおう》が鎮まりて　如意の宝珠を守るてふ　高鉾山《たかほこやま》の頂上《たかね》より　登る朝日を拝すれば　朝日の中央《なか》に駿河なる　富士の神山歴然と　正しき姿写しつゝ　山霊《さんれい》木花咲耶姫　我《わが》日《ひ》の本《もと》を安国と　治め守らす神徳《しんとく》を　雲井に高く輝かし　富士と高鉾両山の　合せ鏡の明らけき　神徳高き此の嶺に　九十五名の神軍は　天津祝詞を奏上し　神の使命を完全に　奉行《ぶぎょう》終りて静々と　金鵄《きんし》の瑞《ずい》やたか鉾の　神社を祭る鷲家口《わしかぐち》　九十有士の一隊は　道も吉野の宮瀧を　下りて又も上市《かみいち》の　宿に木嶋《きじま》の完仁《かんじん》や　神の出口も大二《ひろつぐ》（＝大本三代教主元主人。）の　四ツの眼に入る龍神の　玉を抱きし御姿《みすがた》を　古き店頭に認めける　稲次湯浅《いなつぐゆあさ》

桑原氏《くわはらし》　荻野植芝《おぎのうえしば》（＝合気道祖師・植芝盛平。）五勇士《ごゆうし》は　次に認めて雀躍《こおどり》し　皇大神の御神示《ごしんじ》と　購入なして勇《いさ》ぎ能《よ》く　高天原の大本へ　奉納《ほうのう》せしも予《かね》てより　王仁《わに》の霊眼《まなこ》に映じたる　神《しん》政守護《せいしゅご》の神宝也《たからなり》　アヽ不可思議や神の国　神が表面《おもて》に現はれて　三千世界の経綸《けいりん》を行《おこな》ひ玉ふ神業《かむわざ》の　其瑞祥《そのずいしょう》の要蔵《ようぞ》かし　仁愛《みろく》を斎《いつ》く大神の　道を喜び慕《した》ひ来て　宇太《うた》ひ舞ひつゝ信徒《まめひと》の　日々に隆盛極《こうりゅうきわ》めつゝ　世は安国と平けく　七宝成就具足《しっぽうじょうじゅぐそく》して　金輪《こんりん》王《おう》の仁政《じんせい》に　因《ちな》みし七士を読込みし　此長歌《このながうた》の末長《すえなが》く　治まる御代ぞ松の月　鶴は千年亀万年　東邦朔《とうほうさく》の九千年　栄《さか》え見浦《みうら》の王統家《おうすけ》は　百千万の歳《とし》を経て　三千世界の大権威　大主師親《だいしゅししん》の光明を　宇内《うだい》隈なく照らしなん　万歳々々万々歳

第三章　二霊《にれい》活動　王仁　【出典】（『神霊界』大正九年五月二十一日号）

この詩は、長詩《ちょうし》の「大和紀行《やまときこう》」の間に、目立たぬようにさりげなくしのばせてある。それほど当時の教団内における出口聖師の立場は複雑であったのだろう。

変性男子《へんじょうなんし》と変性女子《へんじょうにょし》、厳《いづ》の御霊《みたま》と瑞《みづ》の御霊《みたま》の神格《しんかく》をヨハネとキリストに擬《も》し、「瑞の御霊は神息《キリスト》総艮の再臨《さいりん》なれば、ヨハネより遙《はるか》に勝《まさ》る神ぞかし」とここでは断定しておられる。しかし、『霊界物語』第一巻・第二十四章「神世開基《ヨハネ》と神息統合《キリスト》」の中の「ゆえにキリストは、かへってヨハネの下駄《げた》を直すにも足らぬものである」という、矛盾とも思える文意と合わせて、出口聖師の真意を理解したい。

（一）

智徳円満豊備《ちとくえんまんほうび》なる　国祖常立大神《こくそとこたちおほかみ》は
神代《かみよ》の昔高天《むかしたかま》にて　皇祖天照大神《くわうそあまてるおほかみ》の
勅《ちよく》を畏《かし》こみ艮《うしとら》の　小《ちひ》さき日本《にほん》に隠《かく》れまし

洪《こう》大《だい》無《む》辺《へん》の神徳《しんとく》や
荒《あら》ぶる神《かみ》の暴政《ぼうせい》を
蔭《かげ》より守護《しゅご》ましませど
力《ちから》あれ共《ども》是非《ぜひ》もなく
艱難辛苦《かんなんしんく》厭《いと》ひなく
現《あら》はれまして濁世《じょくせ》の
高天原《たかあまはら》の楽園《らくえん》に
地球《くに》造《つく》らむと束《つか》の間《ま》も
大和心《やまとごころ》の無尽蔵《むじんぞう》
明治《めいじ》の二十五年《ねん》より
中府《まなか》と定《さだ》め大出口《おほでぐち》

権威《けんい》を隠《かく》し忍《しの》ばれて
見《み》るに忍《しの》びず昼夜《ひるよる》に
表《おもて》に出《い》でぬ神《かみ》の身《み》は
涙《なみだ》を呑《の》んで三千年《みちとせ》の
人寿《じんじゅ》十歳《さい》今《いま》の世《よ》に
神仏蒼生《しんぶつそうせい》遺《お》ちも無《な》く
救《すく》ひ助《たす》けて浦安《うらやす》の
忘《わす》れ玉《たま》はぬ大慈心《だいじしん》
変性男子《へんじょうなんし》と現《あらは》れて
綾部《あやべ》の本宮《ほんぐう》を天地《あめつち》の
教祖《きょうそ》の身魂《みたま》に宿《しゅく》しつゝ

至真《まこと》の度衡《はかり》皇道《くわうだう》の
　至治泰平《しちたいへい》の神《かみ》の世《よ》を
清《きよ》き流《なが》れの水上《みなかみ》に
　よはねの身《み》魂畏《たまかし》こくも
世人《よびと》の心洗《こころあら》ひつゝ
　皇大神《すめおほかみ》の太祝詞《ふとのりと》
三千世界《さんぜんせかい》の岩屋戸《いはやど》を
　艮鬼門金神《うしとらきもんこんじん》の
須弥山上《すみせんじゃう》に腰《こし》を掛《か》け
　ア丶美《うる》はしき御神勅《おんみこと》

（二）

大本源《だいほんげん》を説諭《ときさと》し
　造《つく》り成《な》さむと由良川《よるだん》の
末世《まつせ》の神政《よ》開祖《はね》と現《あ》れましぬ
　龍門館《りうもんやかた》の真清水《ましみず》に
厳《いづ》の御魂《みたま》のおごそかに
　宣《の》らせ玉《たま》へる言《こと》の葉《は》は
一度《ど》に開《ひら》く梅《うめ》の花《はな》
　統治《おさめ》の神界《かみよ》になりたぞよ
三千世界《さんぜんせかい》を守《まも》るぞよ
　ア丶厳《いか》めしき神《かみ》の声《こえ》。

神霊《よはね》開祖の身魂《みたま》宣玉《のたま》はく　明治《めいじ》は三十一年《ねん》の
紅葉《もみぢ》の錦《にしき》織《お》る秋《とき》は　我《われ》の身魂《みたま》にいや優《まさ》る
金輪聖王《こんりんせいわう》（=須弥山の四州を統治する王。金輪王は、金の輪をもち四つの州を支配するといわれる。）　現《あらは》れて
五六七《みろく》の神《かみ》の宮代《みやしろ》が
綾《あや》の高天《たかま》に降《くだ》りなむ　是《これ》こそ瑞《みづ》の御魂《みたま》なり
瑞《みづ》の御霊《みたま》は神息総艮《きりすと》の　再臨《さいりん》なればヨハネより
遙《はるか》に勝《まさ》る神《かみ》ぞかし　ヨハネの身魂《みたま》は世《よ》の垢《あか》を
水《みづ》に洗《あら》へどキリストは　天津神《あまつかみ》より賜《たま》はりし
清《きよ》き聖霊《みたま》の聖《たま》の火《ひ》に　無明《むめう》の天地《てんち》を照明《しやうめい》し
宇宙万有一切《うちうばんゆういつさい》に　各《おのおの》其処《そのしよ》を得《え》せしむる
是《これ》ぞ正《ただ》しき瑞霊《づいれい》の　五六七《みろく》の神《かみ》の化身《けしん》也《なり》。

（三）

瑞《みづ》の御魂《みたま》は天地《あめつち》を　只一声《ただひとこえ》に震動《しんどう》し
風雨雷霆《ふううらいてい》一音《いちおん》に　叱咤《しつた》し使《つか》ふ大真人《おほまひと》
真人《まひと》一度《ひとたび》雄建《をたけ》びし　天地《てんち》に向《むか》って太祝詞《ふとのりと》
宣《の》玉《たま》ふ時《とき》は久方《ひさかた》の　天津神空《あまつみそら》も万有《ばんゆう》も
皆《みな》一切《いつさい》に服従《ふくじゆう》し　三千世界《さんぜんせかい》の天津神《あまつかみ》
国津御神《くにつみかみ》も諸共《もろとも》に　天地《てんち》の岩戸《いわと》押開《おしひら》き
雲霧《くもきり》四方《よも》に掻別《かきわ》けて　皆悉《みなことごと》く聞《きこ》し召《め》す
ア、勇《いさ》ましき真人《まさひと》の　権威《ちから》は宇内《うだい》に遍満《へんまん》し
諸神諸仏《しよしんしよぶつ》も一切《いつさい》に　神政成就《しんせいじようじゆ》の大業《たいぎよう》に
尽《つく》し玉《たま》へば天《あめ》の下《した》　皆清《みなきよ》まりて許々多久《ここたく》の

罪《つみ》も穢《けが》れも消滅《せうめつ》し　栄久《さかえひさ》しき常磐木《ときはぎ》の
松《まつ》の代《よ》五六七《みろく》の大御代《おほみよ》と　一度《いちど》に開《ひら》く梅《うめ》の花《はな》
花散《はなち》る後《のち》に泰平《たいへい》の　果実《くわじつ》を結《むす》ぶ尊《たふ》とさよ
偉大《いだい》なる哉真人《かなしんじん》の　善言美詞《ぜんげんびし》の言霊《ことたま》よ

（四）

変性男子《へんじゃうなんし》は若姫《わかひめ》の　神《かみ》の御命《みこと》を畏《かしこ》みて
国常立《くにとこたち》の大神《おほかみ》の　隠《かく》れ坐《い》ませし神《かみ》の嶋《しま》
雄嶋雌嶋《をしまめしま》を開《ひら》きつゝ　万世不磨《ばんせいふま》の神教《しんきやう》を
現《あら》はし玉《たま》ひ空蝉《うつせみ》の　世人《よびと》を諭《さと》し給《たま》ひけり
変性女子《へんじゃうにょし》は素盞嗚《すさのを》の　神《かみ》の御命《みこと》を畏《かし》こみて
五六七《みろく》の神《かみ》の隠《かく》れます　暗《くら》き斯世《このよ》の瀬戸《せと》の海《うみ》

宝楽嶋《ほうらくじま》の神境《しんきやう》に　満干《みちひ》の玉《たま》を現《あら》はして
宇宙万有一切《うちうばんゆういつさい》の　世《よ》の立替《たてかへ》や立直《たてなほ》し
永世無窮《えいせいむきゆう》の神国《しんこく》を　堅磐常磐《かきはときは》に建《たて》玉《たま》ふ
世《よ》は高砂《たかさご》の弥栄《いやさか》え　千歳《ちとせ》の松《まつ》に澄《す》む月《つき》の
光《ひか》りさやけく世《よ》を照《て》らす　弥勒《みろく》の御代《みよ》ぞ尊《たふと》けれ。

（五）

厳《いづ》の御魂《みたま》は経《たて》の役《やく》　天《あめ》の位《くらい》の火《ひ》の活動《くわつどう》
男霊女身《だんれいにょしん》とましませば　変性男子《へんじゃうなんし》と申《まを》す也《なり》
瑞《みづ》の御魂《みたま》は緯《よこ》の役《やく》　水《みづ》の活動《くわつどう》地《ち》の位《くらい》
女霊男身《じょれいだんしん》にましませば　変性女子《へんじゃうにょし》と申《まを》す也《なり》
経火《たてひ》の身魂《みたま》は厳格《げんかく》に　直情経行《ちょくじゃうけいかう》緩《ゆる》み無《な》く

水《みづ》の身《み》魂《たま》は万物《ばんぶつ》を
物《もの》をも洗《あら》ひ糞便《ふんべん》と
厭《いと》ふ色《いろ》なき仁愛《じんあい》の
地上《ちじやう》の慈母《じぼ》と出現《しゆつげん》し
神《かむ》素《す》盞《さ》嗚《のを》の神代《かみしろ》と
汚《けが》れ果《はて》たるうつし代《よ》の
力限《ちからかぎ》りに罵《ののし》られ
艱難辛苦《かんなんしんく》を寸毫《すんがう》も
力《ちから》つくしの益良夫《ますらを》の
神政維新《しんせいいしん》の大業《たいげふ》を
只一身《ただいつしん》に担任《たんにん》し

愛養撫育《あいやうぶいく》し穢《けが》れたる
共《とも》に交《まじ》はり毫末《ごうまつ》も
神徳深《しんとくふか》くましまして
金輪聖王弥勒神《こんりんせいわうみろくしん》
三《みつ》の御魂《みたま》を金《かね》の神《かみ》
体主霊従どもに根限《こんかぎ》り
苦《くる》しめられて千万《ちよろづ》の
気《き》にも留《とど》めず世《よ》の為《ため》に
肉《にく》の宮《みや》をば機関《きくわん》とし
遂行《すいかう》すべき責任《せきにん》を
現《あらは》れますぞ尊《たふ》とけれ。

第五編　霊主体従の世界へ

第一章　瑞霊は操縦与奪の権（『天祥地瑞』七十三巻「総説」）

三千大千世界《さんぜんだいせんせかい》の大宇宙《だいうちゅう》を創造《そうぞう》し給《たま》いし大国常立《おほくにとこたち》の大神《おほかみ》は、ウ●声《ごえ》の言霊《ことたま》の御水火《みいき》より天之道立《あめのみちたつ》の神《かみ》を生《う》み給《たま》い、宇宙《うちゅう》の世界《せかい》を教《おし》え導《みちび》き給《たま》いたるが、数百億年《すうひやくおくねん》の後《のち》に至《いた》りて、稚姫君命《わかひめぎみのみこと》の霊性《れいせい》の御霊代《みひしろ》として尊《とうと》き神人《しんじん》と顕現《けんげん》し、三千世界《さんぜんせかい》の修理固成《しゅうりこせい》を言依《ことよ》さし給《たま》い、又《また》●アの言霊《ことたま》より生《な》り出《い》でし太元顕津男《おほもとあきつお》の神《かみ》の御霊《みたま》も神人《しんじん》と現《あらわ》れ、共《とも》に神業《みわざ》を励《はげ》み給《たま》いける。天《てん》の時兹《ときこ》に到《いた》りて厳《いづ》の御霊稚姫君命《みたまわかひめぎみのみこと》は再《ふた》び天津御国《あまつみくに》に帰《かえ》り給《たま》い、厳《いづ》の御霊《みたま》の神業《みわざ》一切《さい》を瑞《みづ》の御霊《みたま》に受《う》け継《つ》がせ給《たま》いける。兹《ここ》に厳《いづ》の御霊瑞《みたまみづ》の御霊《みたま》の活動《はたらき》を合《あわ》して伊都《いづ》能売《のめ》の御霊《みたま》と現《あらわ》れ、万劫末代《まんごうまつだい》の教《おしえ》を固《かた》むる神業《みわざ》に奉仕《ほうし》せしめ給《たま》いたるなり。

厳《いづ》の御霊《みたま》は荒魂《あらみたま》の勇《ゆう》と和魂《にぎみたま》の親《しん》を主《しゅ》とし、奇魂《くしみたま》の智《ち》と幸魂《さちみたま》の愛《あい》は従《じゅう》となりて活《はたら》き給《たま》い、瑞《みづ》の御霊《みたま》は奇魂《くしみたま》の智《ち》と幸魂《さちみたま》の愛《あい》が主《しゅ》となり、荒魂《あらみたま》の勇《ゆう》と和魂《にぎみたま》の親《しん》は従《じゅう》となりて世《よ》に現《あらわ》れ、今《いま》や破《やぶ》れんとする天地《てんち》を修理固成《しゅうりこせい》すべく現《あらわ》れ出《い》でたるなり。而《しか》して厳《いづ》の御霊《みたま》は経《たて》の神業《みわざ》なれば言行共《げんこうとも》に一々万々確固不易《ばんばんかっこふえき》なるに反《はん》し、瑞《みづ》の御霊《みたま》の神業《みわざ》は操縦与奪其権有我《そうじゅうよだつそのけんわれにあり》の力徳《りきとく》を以《もっ》て神業《みわざ》に奉仕《ほうし》し給《たま》う神定《かむさだ》めなり。神諭《しんゆ》にも、経《たて》の御用《ごよう》はビクとも動《うご》かれず鵜《う》の毛《け》の露程《つゆほど》も変《かわ》らぬが、瑞《みづ》の御霊《みたま》は緯《よこ》の御用《ごよう》なれば機《はた》の緯糸《よこいと》の如《ごと》く、右《みぎ》に左《ひだり》に千変万化《せんぺんばんか》の活動《はたらき》あることを示《しめ》されたり。然《しか》るに今《いま》や伊都能売《いづのめ》の御霊《みたま》と顕現《けんげん》したれば、経緯両方面《たてよこりょうほうめん》を合《あわ》して神代《かみよ》の顕現《けんげん》に従事《じゅうじ》し給《たま》うことゝなりたれば、益々其行動《ますますそのこうどう》の変幻出没自由自在《へんげんしゅつぼつじゆうじざい》なるは到底凡夫《とうていぼんぷ》の窺知《きち》し得《う》べきものにあらず。斯《か》くして大宇宙《だいうちゅう》の神界治《しんかいおさ》まり、三千世界《さんぜんせかい》の更生《こうせい》となりて、全地上《ぜんちじょう》の更生《こうせい》の神業《みわざ》は成就《じょうじゅ》すべきなり。此消息《このしょうそく》を知《し》らずして大神業《おおみわざ》に奉仕《ほうし》せんとするものは、恰《あたか》も木《き》に拠《よ》って魚《うお》を求《もと》むる如《ごと》く、海底《かいてい》に野菜《やさい》を探《さぐ》り、田園《でんえん》に蛤《はまぐり》を漁《あさ》るが如《ごと》し。

神《かみ》は至大無外至小無内在所如無不在所如無底《しだいむがいししょうむないあるところなきがごとくあらざるところなきがごとしてい》のものなれば、従来《じゅうらい》の各種《かくしゅ》の宗《しゅう》教《きょう》や賢哲《けんてつ》の道徳率《どうとくりつ》を標準《ひょうじゅん》としては、伊都能売神《いづのめのかみ》の御神業《みみわざ》は知《し》り得《う》べき限《かぎ》りにあらず。例《たと》えば機《はた》を織《お》るにしても経糸《たていと》はビクとも処《ところ》を変《へん》ぜず緊張《きんちょう》し切《き》りて棚《たな》にかゝり、緯糸《よこいと》は管《くだ》に巻《ま》かれ杼《ひ》に呑《の》まれて小《ちい》さき穴《あな》より一筋《ひとすじ》の糸《いと》を吐《は》き出《だ》し、右《みぎ》に左《ひだり》に経糸《たていと》の間《あいだ》を潜《くぐ》り立派《りっぱ》なる綾《あや》の機《はた》を織上《おりあ》ぐる如《ごと》きものなり。機《はた》を織《お》る緯糸《よこいと》は一度通《どつう》ずれば二度《ど》三度筬《どおさ》にて厳《きび》しく打《う》たれつゝ、茲《ここ》に初《はじ》めて機《はた》の経綸《しぐみ》は出来上《できあが》るものなり。

綾機《あやはた》の緯糸《よこいと》こそは苦《くる》しけれ
　一つ通《とほ》せば三度《みたび》打《う》たれつ

神界《しんかい》の深遠微妙《しんえんびみょう》なる経綸《けいりん》に就《つい》ては千変万化《せんぺんばんか》極《きわ》まりなく、善悪相混《ぜんあくあいこん》じ美醜《びしゅう》互《たがい》に交《まじわ》りて完全《かんぜん》なる天地《てんち》は造《つく》られつゝあるなり。伊都能売神《いづのめのかみ》の神霊《しんれい》も亦《また》その如《ごと》く三十三相《そう》は言《い》うも更《さら》なり、幾百千相《いくひゃくせんそう》にも限《かぎ》りなく臨機応変《りんきおうへん》して神業《みわざ》に依《よ》さし給《たま》えば、凡人小智《ぼんじんしょうち》の窺知《きち》すべき限《かぎ》りにあらざるを知《し》るべし。

且《か》つ厳《いづ》の御霊《みたま》の教《おしえ》は神人一般《しんじんいっぱん》に対《たい》し、仁義道徳《じんぎどうとく》を教《おし》え夫婦《ふうふ》の制度《せいど》を固《かた》め、仮《かり》にも犯《おか》すべからざるの神律《しんりつ》なり。故《ゆえ》に瑞《みづ》の御霊《みたま》の大神《おほかみ》は紫微天界《しびてんかい》の初《はじ》めより太元顕津男《おほもとあきつお》の神《かみ》と現《あ》れまして、国生《くにう》み神生《かみう》みの神業《みわざ》に奉仕《ほうし》し給《たま》い、万代不動《ばんだいふどう》の経綸《けいりん》を行《おこな》い給《たま》いつゝ若返《わかがえ》り若返《わかがえ》りつゝ末世《まつせ》に至《いた》るまでも活動《はたらき》給《たま》うなり。其間幾回《そのかんいくかい》となく肉体《にくたい》を以《もっ》て宇宙《うちゅう》の天界《てんかい》に出没《しゅつぼつ》し、無始無終《むしむしゅう》に其経綸《そのけいりん》を続《つづ》かせ給《たま》えば、他《た》の神々《かみがみ》は決《けっ》して其行為《そのこうい》に習《なら》うべからざるを主《ス》の神《かみ》より厳定《げんてい》されつゝ今日《こんにち》に至《いた》れるなり。神諭《しんゆ》に経《たて》の御用《ごよう》は少《すこ》しも動《うご》かされず変《か》えられないが、緯《よこ》の御用《ごよう》は人間《にんげん》の智慧《ちえ》や学問《がくもん》にては悟《さと》り得《う》べきものにあらざれば、神《かみ》に仕《つか》うる信徒達《まめひとたち》は其心《そのこころ》にて奉仕《ほうし》せざれば神界経綸《しんかいけいりん》の邪魔《じゃま》となると示《しめ》されてあるのは、此《この》間《かん》の消息《しょうそく》を伝《つた》えられたるものなり。……。嗚呼《ああ》惟神《かむながら》霊《たま》幸倍《ちはえ》坐世《ませ》。……。

第二章　神《しん》仏《ぶつ》無量《むりょう》寿経《じゅきょう》

第《だい》一神王《しんのう》伊都能売《いづのめ》の大神《おほかみ》の大威徳《だいいとく》と大光明《だいこうみょう》は最尊最貴《さいそんさいき》にして諸神《しょしん》の光明《こうみょう》の及《およ》ぶ所《ところ》にあらず。或《あるい》は神光《しんこう》の百神《ひゃくしん》の世界《せかい》、或《あるい》は万神《ばんしん》の世界《せかい》を照明《しょうめい》するあり。要《よう》するに東方日出《とうほうひので》の神域《しんいき》（＝日本国。）を照《て》らし、南西北《なんざいほく》、四維上下《しいじょうげ》（＝天地四方。）も亦復《またまた》斯《かく》の如《ごと》し。嗚呼盛《ああさかん》なる哉《かな》伊都能売《いづのめ》と顕現《けんげん》し玉《たま》う厳瑞《げんづい》二霊《れい》（＝厳の御霊、瑞の御霊。）の大霊光《だいれいこう》、是《こ》の故《ゆえ》に天之御中主大神《あめのみなかぬしのおほかみ》、大国常立大神《おほくにとこたちのおほかみ》、天照皇大御神《あまてらすすめおほみかみ》、伊都能売《いづのめ》の大神《おほかみ》、弥勒大聖御稜威《みろくだいせいみいづ》の神《かみ》、大本大御神《おほもとおほみかみ》、阿弥陀仏《あみだぶつ》、無礙光如来《むげこうにょらい》、超日月光仏《ちょうにちがっこうぶつ》と尊称《そんしょう》し奉《たてまつ》る。

それ蒼生《そうせい》（＝民衆。万民。人間。）にして斯《こ》の神光《しんこう》に遭《あ》うものは、三垢《く》（＝三つの煩悩。貪欲《どんよく》・瞋恚《しんに》・愚痴《ぐち》の三種。）消滅《しょうめつ》し身意柔軟《しんににゅうなん》に歓喜踊躍《かんきゆうやく》して、愛善《あいぜん》の至心《ししん》（＝誠実な心。）を生《しょう》ず。三途勤苦《さんづごんく》（＝火・刀・杖などでの強迫。地獄、餓鬼、畜生等の苦しみ。）の処《ところ》にありて、斯神《このかみ》の大光明《だいこうみょう》を拝《はい》し奉《たてまつ》らば、孰《いずれ》も安息《あんそく》を得《え》て、又《また》一つの苦悩《くのう》無《な》く、生前死後《せいぜんしご》を超越《ちょうえつ》し、坐《ざ》し乍《なが》ら安楽境《あんらくきょう》に身《み》を置《お》き、天国《てんごく》の生涯《しょうがい》を送《おく》ることを得《う》べし。

斯神《このかみ》の大光明《だいこうみょう》は顕赫《けんかく》（＝強く光り輝く。）にして、宇内《うだい》（＝天地の間。天下。）諸神諸仏《しょしんしょぶつ》の国土《こくど》を照明《しょうみょう》したまいて聞《きこ》えざることなし。只吾《ただわ》が今其《いまそ》の神光霊明《しんこうれいみょう》を称《たた》え奉《まつ》る而已《のみ》ならず、一切《さい》の諸神諸仏《しょしんしょぶつ》、清徒声聞《しょうとしょうもん》（＝説法を聞いて悟る清なる信者、弟子達。）求道者縁覚《きゅうどうしゃえんがく》（＝自ら道を悟った聖者。）諸々《もろもろ》の宣伝使《せんでんし》、諸々《もろもろ》の菩薩衆《ぼさつしゅう》（＝悟りを求めて修行する人。仏につぐ崇拝対象者。高僧。神の尊号。）、咸《ことごと》く共《とも》に歎称悦服帰順《たんしょうえっぷくきじゅん》し玉《たま》うこと亦復《またまた》是《かく》の如《ごと》し。

若《も》し蒼生《そうせい》ありて其光明《そのこうみょう》の稜威《みいづ》と洪徳《こうとく》を聞《き》きて日夜称説《にちやしょうせつ》（＝ほめて言う。）し信奉《しんぽう》して、至心《ししん》にして断《た》えざれば、心意《しんい》の願《ねが》う所《ところ》に随《したが》いて、天国《てんごく》の楽土《らくど》に復活《ふっかつ》する事《こと》を得《う》べし。諸々《もろもろ》の宣伝使《せんでんし》、菩薩《ぼさつ》、清徒声聞《しょうとしょうもん》の大衆《だいしゅう》の為《ため》に、共《とも》に歎誉《たんにょ》（＝神仏の徳を賞嘆する。）せられて其《そ》の洪徳《こうとく》を称《たた》えられ、其然《そのしか》る後《のち》に成道内覚《じょうどうないかく》（＝道を悟る。）を得《う》る時《とき》に至《いた》り、普《あまね》く三界十方《がいじっぽう》（＝現幽神、あらゆる方面。）の諸神諸仏《しょしんしょぶつ》、宣伝使《せんでんし》、菩薩《ぼさつ》の為《た》めに、其《そ》の光明《こうみょう》を歎称《たんしょう》せられむこと亦今《またいま》の如《ごと》くなるべし。

嗚呼《ああ》吾伊都能売《わがいづのめ》の大神《おほかみ》の神光霊明《しんこうれいみょう》の巍々《ぎぎ》（＝高く大きい。）として殊妙《しゅみょう》（＝非常にすぐれている。）なることを説《と》かむに昼夜《ちゅうや》一劫《ごう》（＝長い時間をかける。）すとも尚未《なおいま》だ尽《つ》すこと能《あた》わず。

〇

爾今《じこん》の諸天人及《しょてんにんおよ》び後世《ごせ》の人々《ひとびと》、神明仏陀《しんみょうぶつだ》の神教経語《しんきょうきょうご》を得《え》て当《ま》さに熟《つらつ》ら之《これ》を思惟《しゅい》（＝考えをめぐらす。）し、能《よ》く其中《そのなか》に於《おい》て心魂《しんこん》を端《ただ》し、行為《こうい》を正《ただ》しゅうせよ。

瑞主聖王《づいしゅせいおう》（＝出口王仁三郎聖師。）、愛善《あいぜん》の徳《とく》を修《しゅう》して、其下万民《そのしもばんみん》を率《ひき》い、転《うた》た相神令《あいしんれい》して、各《おのおの》自《みずか》ら正《ただ》しく守《まも》り、聖者《せいじゃ》を尊《とうと》び、善徳者《ぜんとくしゃ》を敬《うやま》い、仁慈博愛《じんじはくあい》にして、聖語神教《しょうごしんきょう》を遵奉《じゅんぽう》し、敢《あえ》て虧負《きふ》（＝欠けること。）すること無《な》く、当《ま》さに度世《どせい》（＝世渡り。生業。暮らし。）を求《もと》めて、生死衆悪《しょうじしゅうあく》の根源《こんげん》を抜断《ばつだん》すべし。当《ま》さに天《あめ》の八衢《やちまた》、三途無限《ずむげん》の憂畏苦痛《ゆういくつう》の逆道《ぎゃくどう》を離脱《りだつ》すべし。

〇

爾等《なんじら》、是《これ》に於《おい》て広《ひろ》く愛善《あいぜん》の徳本《とくほん》を植《う》え、慈恩《じおん》（＝いつくしみのある恩。）を布《し》き、仁恵《じんえ》（＝神の恵み。）を施《ほど》こして、神禁道制《しんきんどうせい》（＝神道禁制。）を犯《おか》すこと無《な》く、忍辱精進《にんにくしょうじん》（＝耐えしのんで精進する。）にして心魂《しんこん》を帰一《きいつ》し、智慧証覚《ちえしょうかく》を以《もっ》て衆生《しゅじょう》を教化《きょうか》（＝教え導き恵みを与える。）し、徳《とく》を治《おさ》め、善《ぜん》を行《おこな》い、心魂《しんこん》を浄《きよ》め、意志《いし》を正《ただ》しゅうして、斎戒清浄《さいかいしょうじょう》なること一日《にち》一夜《や》なれば、則《すなわ》ち無量寿《むりょうじゅ》（＝永遠の生命の仏としての阿弥陀仏をさしていう。）の天国《てんごく》に在《あ》りて、愛善《あいぜん》の徳《とく》を治《おさ》むること百年《ねん》なるに勝《まさ》れり。

如何《いかん》となれば彼《か》の神仏《しんぶつ》の国土《こくど》には、無為自然《むいじねん》（＝仏の悟りのままが自ずから現れたもの。）に、皆衆善大徳《みなしゅうぜんだいとく》を積《つ》みて毫末《ごうまつ》の不善不徳《ふぜんふとく》だも無《な》ければなり。此《ここ》に於《おい》て善徳《ぜんとく》を修《おさ》め信真《しんしん》（＝真を信じること。）に住《じゅう》すること十日《にち》十夜《や》なれば、天国浄土《てんごくじょうど》に於《おい》て愛善《あいぜん》（＝愛と善。）の徳《とく》に住《じゅう》し、信真《しんしん》の光明《こうみょう》に浴《よく》すること、千年《せんねん》の日月《じつげつ》に勝《まさ》れり。其故如何《それゆえいかん》となれば、天国浄土《てんごくじょうど》には善者多《ぜんしゃおお》く、不善者《ふぜんしゃ》少《すく》なく、智慧証覚《ちえしょうかく》に充《み》たされ、造悪《ぞうあく》の余地存《よちそん》せざればなり。

○

唯《ただ》自然界《しぜんかい》、即《すなわ》ち現界《げんかい》のみ悪業多《あくごうおお》くして、惟神《かむながら》の大道《だいどう》（＝天地自然、生成化育の道。）に背反《はいはん》し、勤苦《ごんく》して求欲《ぐよく》し、転《うた》た相欺《あいあざむ》き心魂疲《しんこんつか》れ、形体困《ぎょうたいくるし》み、苦水《くすい》を呑《の》み、毒泉《どくせん》を汲《く》み、害食《がいしょく》を喰《くら》い、是《かく》の如《ごと》く怱務《そうむ》して、未《いま》だ嘗《かつ》て寧息《ねいそく》（＝安心してやすむ。）すること無《な》し。

○

吾爾等蒼生《われなんじらそうせい》（＝人間のこと。）の悲境苦涯《ひきょうくがい》を哀《あわ》れみ、苦心惨澹誨諭《くしんさんたんかいゆ》（＝道理をさとす。教誨。）して教《おし》えて善道《ぜんどう》を修《おさ》めしめ、器《うつわ》に応《おう》じて開導《かいどう》し、神教経語《しんきょうきょうご》を授与《じゅよ》するに承用《しょうよう》せざることなく、意《い》志《し》の願《ねが》う所《ところ》に在《あ》りて悉皆得道《しっかいとくどう》（＝悟りをえること。）せしむ。聖神仏陀《しょうしんぶつだ》の遊履《ゆうり》（＝各地をめぐり歩くこと。）する所《ところ》、国邑丘聚化《こくゆうくじゅうか》（＝国の隅々、人の集うところすべて。）を蒙《こうむ》らざることなし。天下和順《てんかわじゅん》し、日月清明《じつげつしょうみょう》、五風十雨《ふうじゅうう》、時《とき》に順《したが》い、十愁八歎《じゅうしゅうはったん》無《な》く、国土豊《こくどゆたか》にして、民衆安穏《みんしゅうあんおん》なり。兵戈《へいか》（＝兵士や武器。）用無《ような》く、善徳《ぜんとく》を崇《たっと》び、仁恵《じんえ》を興《おこ》し、努《つと》めて礼譲《れいじょう》（＝礼儀をつくす。）を修《おさ》む。

○

吾爾等諸天《われなんじらしょてん》、及《およ》び地上蒼生《ちじょうそうせい》を哀愍《あいみん》すること父母《ふぼ》の如《ごと》く、愛念旺盛《あいねんおうせい》にして無限《むげん》なり。今《いま》吾《われ》此《こ》の世間《せけん》に於《お》て、伊都能売《いづのめ》の神《かみ》（＝弥勒最勝如来。）となり、仏陀《ぶつだ》と現《げん》じ基督《キリスト》と化《な》り、メシヤと成《な》りて、五悪《あく》（＝五つの悪。殺生・偸盗《ちゅうとう》・邪婬《じゃいん》・妄語《もうご》（両舌・悪口・綺語を含む。）・飲酒。）を降下《こうか》し、五痛《つう》（＝殺生などの五悪を犯したことが原因となって受ける報い。）を消除《しょうじょ》し、五焼《しょう》（＝五悪の罪によって死後、三途に堕ちて受ける苦痛。または地獄の苦具。）を絶滅《ぜつめつ》し、善徳《ぜんとく》を以《もっ》て、悪逆《あくぎゃく》を改《あらた》めしめ、生死《しょうじ》の苦患《くげん》（＝死後、地獄におちて受ける苦しみ。転じて一般に苦しみや悩み。）を抜除《ばつじょ》し、五徳《とく》を獲《え》せしめ、無為《むい》の安息《あんそく》に昇《のぼ》らしめむとす。

○

瑞霊《ずいれい》（＝出口王仁三郎聖師。）世《よ》を去《さ》りて後《のち》（＝昭和23年1月19日、数え78歳。満77歳。76歳6ケ月。）、聖道《しょうどう》（＝聖なる教え。）漸《やうや》く滅《めつ》せば、蒼生諂偽《そうせいてんぎ》（＝嘘、いつわり。）にして、復衆悪《またしゅうあく》を為《な》し、五痛五焼《つうしょう》還《かえ》りて前《まえ》の法《ほう》（＝古い時代の教典。お経、バイブル、神論。帝国時代の旧法律。）の如《ごと》く久《ひさ》しきを経《へ》て、後転《のちうた》た劇烈《げきれつ》なる可《べ》し。悉《ことごと》く説《と》く可《べ》からず。吾《われ》は唯衆生《ただしゅじょう》一切《さい》の為《ため》に略《りゃく》して之《これ》を言《い》うのみ。

爾等《なんじら》各《おのおの》善《よ》く之《これ》を思《おも》い、転《うた》た相教誨《あいきょうかい》（＝お互いに教えさとしあうこと。）し聖神教語《しょうしんきょうご》（＝聖なる神の教え。『霊界物語』の意。）

を遵奉《じゅんぽう》して敢《あえ》て犯《おか》すこと勿《なか》れ。あゝ惟神霊幸倍坐世《かむながらたまちはえませ》。

伊都能売《いづのめ》の大神《おほかみ》　謹請再拝《ごんじょうさいはい》　（『霊界物語』第六十七巻・第五章「波の鼓」）

【附言】仏教の浄土三部経「仏説無量寿経巻上」（「仏説無量義経」）を説いたもので、瑞霊神の遺言とも受け取れます。

余白歌　（『愛善の道』）

教《をしへ》とは人《ひと》の覚《さと》りのおよばざる　天地《てんち》の神《かみ》の言葉《ことば》なりけり

○

教育《けういく》や政治《せいぢ》芸術《げいじゅつ》一さいを　指導《しだう》することそまことの教《のり》なる

○

人生《じんせい》のなやみを救《すく》ふ光明《くわうみやう》は　三世《ぜ》貫通《くわんつう》の神《かみ》のみおしへ

第三章　水《すい》火《か》訓《くん》（東亜の経綸）

国照姫《くにてるひめ》（＝出口なお。現界での神名。）は国祖大神《こくそおほかみ》の勅《ちょく》を受《う》け、水《みづ》を以《もっ》て所在天下《あらゆるてんか》の蒼生《そうせい》にバプテスマを施《ほどこ》さむと、明治《めいじ》の二十五年《ねん》より、神定《しんてい》の霊地綾部《れいちあやべ》の里《さと》に於《おい》て、人間界《にんげんかい》の誤《あやま》れる行為《こうい》を矯正《きょうせい》し、地上天国《ちじょうてんごく》を建設《けんせつ》すべく、其先駆《そのせんく》として昼夜間断《ちゅうやかんだん》なく、営々孜々《えいえいしし》として、神教《しんきょう》を伝達《でんたつ》された。水《みづ》を以《もっ》て洗礼《せんれい》を施《ほどこ》すというは、決《けっ》して朝夕《ちょうせき》清水《しみず》を頭上《ずじょう》よりあびる計《ばか》りを云《い》うのではない。自然界《しぜんかい》は凡《すべ》て形体《けいたい》の世界《せかい》であり、生物《せいぶつ》は凡《すべ》て水《みづ》に仍《よ》って発育《はついく》を遂《と》げている。水《みづ》は動植物《どうしょくぶつ》にとって欠《か》く可《べ》からざる資料《しりょう》であり、生活《せいかつ》の必要品《ひつようひん》である。現《げん》代《だい》は仁義道徳廃頽《じんぎどうとくはいたい》し、五倫《りん》五常《じょう》の道《みち》は盛《さかん》に叫《さけ》ばるゝと雖《いえど》も、其実行《そのじっこう》を企《くわだ》てたる者《もの》は絶《た》えてない。神界《しんかい》に於《おい》ては先《ま》ず天界《てんかい》の基礎《きそ》たる現実界《げんじつかい》に向《むか》って、改造《かいぞう》の叫《さけ》びをあげられたのである。国常立尊《くにとこたちのみこと》の大神霊《だいしんれい》は精霊界《せいれいかい》にまします稚姫君命《わかひめぎみのみこと》の精霊《せいれい》に御霊《おんみたま》を充《み》たし、予言者国照姫《よげんしゃくにてるひめ》（＝出口なお。）の肉体《にくたい》に来《きた》らしめ、所謂大神《いわゆるおほかみ》は「間接内流《かんせつないりゅう》」の法式《ほうしき》に依《よ》って、過去現在未来《かこげんざいみらい》の有様《ありさま》を概括的《がいかつてき》に伝達《でんたつ》せしめ玉《たも》うたのが、一万巻《まんがん》の『筆先《ふでさき》』となって現《あら》われたのである。

此《この》『神諭《しんゆ》』は自然界《しぜんかい》に対《たい》し、先《ま》ず第《だい》一人間《にんげん》の言語動作《げんごどうさ》を改《あらた》めしめ、而《しか》して後深遠微妙《のちしんえんびみょう》なる真理《しんり》を万民《ばんみん》に伝《つた》えむが為《ため》の準備《じゅんび》をなさしめられたのである。凡《すべ》て現世界《げんせかい》の肉体人《にくたいじん》を教《おし》え導《みちび》き、安逸《あんいつ》なる生活《せいかつ》を送《おく》らしめ、風水火《ふうすいか》の災《わざわ》いも饑病戦《きびょうせん》の憂《うれい》もなき様《よう》、所謂黄金世界《いわゆるおうごんせかい》を建造《けんぞう》せむとするの神業《かむわざ》を称《しょう》して「水洗礼《みづせんれい》」というのである。

○

国照姫《くにてるひめ》の肉体《にくたい》は其肉体《そのにくたい》の智慧証覚《ちえしょうかく》の度合《どあい》によって、救世主出現《きゅうせいしゅしゅつげん》の基礎《きそ》を造《つく》るべく、且《か》つ其先駆者《そのせんくしゃ》として、神命《しんめい》のまに〱地上《ちじょう》に出現《しゅつげん》されたのである。国照姫《くにてるひめ》の命《みこと》のみならず、今日迄世《こんにちまでよ》の中《なか》に現《あら》われたる救世主《きゅうせいしゅ》又《また》は予言者《よげんしゃ》などは、何《いず》れも自然界《しぜんかい》を主《しゅ》となし、霊界《れいかい》を従《じゅう》として、地上《ちじょう》の人間《にんげん》に天界《てんかい》の教《おしえ》の一部《ぶ》を伝達《でんたつ》していたのである。

釈迦《しゃか》、キリスト、マホメット、孔子《こうし》、孟子《もうし》其他《そのた》世界《せかい》の所在先哲《あらゆるせんてつ》も、皆神界《みなしんかい》の命《めい》をうけて地上《ちじょう》に現《あら》われた者《もの》であるが、霊界《れいかい》の真相《しんそう》は何時《いつ》も説《と》いていない。釈迦《しゃか》の如《ごと》きは稍霊界《ややれいかい》の消息《しょうそく》を綿密《めんみつ》に説《と》いているようではあるが、何《いず》れも比喩《ひゆ》や偶言《ぐうげん》、謎等《なぞとう》にて茫漠《ぼうばく》たるものである。

其実《そのじつ》、未《いま》だ釈迦《しゃか》と雖《いえど》も、天界《てんかい》の真相《しんそう》を説《と》くことを許《ゆる》されていなかったのである。キリストは、吾弟子共《わがでしども》より天国《てんごく》の状態《じょうたい》は如何《いか》に………と尋《たず》ねられた時《とき》「地上《ちじょう》にあって地上《ちじょう》のことさえも知《わか》らない人間《にんげん》に対《たい》し、天国《てんごく》をといたとて、どうして天国《てんごく》のことが受入《うけい》れられようぞ」と答《こた》えている。

神《かみ》は時代相応《じだいそうおう》、必要《ひつよう》に仍《よ》って、教《おしえ》を伝達《でんたつ》されるのであるから、未《いま》だキリストに対《たい》して、天国《てんごく》の真相《しんそう》を伝《つた》えられなかったのである。又其必要《またそのひつよう》を認《みと》めなかったのである。

然《しか》るに今日《こんにち》は人智《じんち》漸《よう》く進《すす》み、物質的科学《ぶっしつてきかがく》は殆《ほとん》ど終点《しゅうてん》に達《たっ》し、人心益々不安《じんしんますますふあん》に陥《おちい》り、宇宙《うちゅう》の神霊《しんれい》を認《みと》めない者《もの》、又《また》は神霊《しんれい》の有無《うむ》を疑《うたが》う者《もの》、及《およ》び無神論《むしんろん》さえも称《とな》うる様《よう》になって来《き》た。かゝる精神界《せいしんかい》の混乱時代《こんらんじだい》に対《たい》し、「水洗礼《みずせんれい》」たる今迄《いままで》の予言者《よげんしゃ》や救世主《きゅうせいしゅ》の教理《きょうり》を以《もっ》ては、到底成神成仏《とうていじょうしんじょうぶつ》の域《いき》に達《たっ》し、安心立命《あんしんりつめい》を心《こころ》から得《う》ることが出来《でき》なくなったのである。

故《ゆえ》に神《かみ》は現幽相応《げんゆうそうおう》の理《り》に仍《よ》って、「火《ひ》の洗礼《せんれい》」たる霊界《れいかい》の消息《しょうそく》を最《もっと》も適確《てきかく》に如実《にょじつ》に顕彰《けんしょう》して、世界人類《せかいじんるい》を覚醒《かくせい》せしむる必要《ひつよう》に迫《せま》ったので、言霊別《ことたまわけ》（＝出口聖師。）の精霊《せいれい》を地上《ちじょう》の予言者《よげんしゃ》の体《からだ》に降《くだ》されたのである。

曾《かつ》てヨハネはヨルダン川《かわ》に於《おい》て、水《みづ》を以《もっ》て下民《げみん》に洗礼《せんれい》を施《ほどこ》していた時《とき》、今後来《こんごきた》るべき者《もの》は我《われ》よりも大《だい》なる者《もの》である。そして我《われ》は水《みづ》を以《もっ》て洗礼《せんれい》を施《ほどこ》し、彼《かれ》は火《ひ》を以《もっ》て洗礼《せんれい》を施《ほどこ》すと予言《よげん》していた。それは所謂《いわゆる》キリストを指《さ》したのである。

併《しか》し乍《なが》らキリストはヨハネより「水《みづ》の洗礼《せんれい》」を受《う》け、之《これ》より進《すす》んで天下《てんか》に向《むか》って「火《ひ》の洗礼《せんれい》」を施《ほどこ》すべく準備《じゅんび》していた時《とき》、天意《てんい》に依《よ》って、「火《ひ》の洗礼《せんれい》」を施《ほどこ》すに至《いた》らず、遂《つい》に十字架上《じかじょう》の露《つゆ》と消《き》えて了《しま》ったのである。彼《かれ》は死後《しご》弟子共《でしども》の前《まえ》に姿《すがた》を現《あら》わし、「山上《さんじょう》の遺訓《いくん》」なるものを遺《のこ》したという。併《しか》し此《こ》の遺訓《いくん》は何《いず》れも現界人《げんかいじん》を信仰《しんこう》に導《みちび》く為《ため》の「神《しん》諭《ゆ》」（＝神のお諭し。）であって、決《けっ》して「火《ひ》の洗礼《せんれい》」ではない。

故《ゆえ》に彼《かれ》は再《ふたた》び地上《ちじょう》に再臨《さいりん》して「火《ひ》の洗礼《せんれい》」を施《ほどこ》すべく誓《ちか》って昇天《しょうてん》したのである。「火《ひ》の洗礼《せんれい》」と云《い》っても東京《とうきょう》の大震災《だいしんさい》、大火災《だいかさい》の如《ごと》きものを云《い》うのではない。大火災《だいかさい》は物質《ぶっしつ》界《かい》の洗礼《せんれい》であるから、之《これ》は矢張《やは》り「水《みづ》の洗礼《せんれい》」というべきものである。

「火《ひ》の洗礼《せんれい》」は霊主体従的神業《れいしゅたいじゅうてきしんぎょう》であって、霊界《れいかい》を主《しゅ》となし、現界《げんかい》を従《じゅう》となしたる教理《きょうり》であり、「水《みづ》の洗礼《せんれい》」は体主霊従《たいしゅれいじゅう》といって、現界人《げんかいじん》の行為《こうい》を主《しゅ》とし、死後《しご》の霊界《れいかい》を従《じゅう》となして説《と》き初《はじ》めた教《おしえ》である。

○

故《ゆえ》に「水《みづ》の洗礼《せんれい》」に偏《へん》するも正鵠《せいこう》を得《え》たものでないと共《とも》に、「火《ひ》の洗礼《せんれい》」の教《おしえ》に偏《へん》するも亦正鵠《またせいこう》を得《え》たものでない。要《よう》するに霊《れい》が主《しゅ》となるか、体《たい》が主《しゅ》となるかの差異《さい》があるのみである。

茲《ここ》にいよく\〳〵「火《ひ》の洗礼《せんれい》」を施《ほどこ》すべき源《みなもと》日出雄《ひでお》（＝出口聖師。）の肉体《にくたい》は言霊別《ことたまわけ》の精霊《せいれい》を宿《やど》し、真澄別《ますみわけ》は治国別《はるくにわけ》の精霊《せいれい》を其《そ》の肉体《にくたい》に充《み》たし、神業完成《しんぎょうかんせい》の為《ため》に、野蛮未開《やばんみかい》の地《ち》（＝蒙古。）より神教《しんきょう》の種子《たね》を植付《うえつ》けむと、神命《しんめい》に仍《よ》って活動《かつどう》したのである。あゝ惟神霊幸《かむながらたまち》はえませ。

（『霊界物語・特別篇』第一章「水火訓」、大正一四・八・一五　松村真澄筆録、『出口王仁三郎全集』六「入蒙記　其の他」・第一編「日本より奉天まで」第一章「水火訓」）

第四章　善言美詞　（『霊界物語』第六十巻・第十六章「祈言《いのりごと》」）

（＝印は編集にての注を付け、★は戦前の旧祝詞を意味する。）

感謝祈願詞《みやびのことば》

感《かん》謝《しゃ》

至大天球《たかあまはら》（＝全大宇宙）の主宰《つかさ》に在坐《ましまし》て。『一霊四魂《ひと》、八力《ふた》（＝宇宙の活動力）、三元《み》（＝剛・柔・流）、世《よ》、出《いつ》、燃《むゆ》、地成《なな》、弥《や》、凝《ここの》、足《たり》、諸《もも》、血《ち》、夜出《よろづ》の大元霊《もとつみたま》、天之御中主大神《あめのみなかぬしのおほかみ》、霊系祖神高皇産霊大神《たかみむすびのおほかみ》。体系祖神神皇産霊大神《かむみむすびのおほかみ》（＝造化の三神）の大稜威《おほみいづ》を以《もつ》て、無限絶対無始無終《かきはにときは》に天地万有《よろづのもの》を創造賜《つくりたま》ひ。神人《おほみたから》をして斯《かか》る至真至美至善之神国《うるはしきみくに》に安住《すまは》せ玉《たま》はむが為《ため》に、太陽太陰大地《ひつきくぬち》を造《つく》り、各自々々《おのもおのも》至粋至醇之魂力体《きよきみたま》を賦与玉《さづけたま》ひ。亦《また》八百万天使《やほよろづのかみ》を生成給《うみなしたま》ひて万物《すべて》を愛護給《まもりたま》ふ、其広大無辺大恩恵《そのひろきあつきおほみめぐみ》を尊《たふと》み敬《ゐやま》ひ恐《かしこ》み恐《かしこ》みも白《まを》す。

掛巻《かけまく》も畏《かしこ》き『大地上《あしはら》の国《くに》〈★大日本国《おほやまとのくに》。＝全地球上。〉を知召《しろしめ》します、言霊《ことたま》の天照国《あまてるくに》は。〈★三種《みくさ》の神宝《かむたから》を降《くだ》し給《たま》ひて、天津日嗣《あまつひつぎ》の高御座《たかみくら》は〉千代万代《ちよよろづよ》に動《うご》く事無《ことな》く変《かは》る事無《ことな》く。修理固成給《つくりかためなしたま》ひし、皇大神《すめおほかみ》の敷坐《しきま》す島《しま》の八十島《やそしま》は。天《あめ》の壁立極《かべたつきは》み国《くに》の退立限《そぎたつかぎ》り。青雲《あをくも》の棚引極《たなびくきは》み、白雲《しらくも》の随居向伏限《おりゐむかふすかぎ》り、伊照透《いてりとほ》らす大稜威《おほみいづ》は、日《ひ》の大御守《おほみまもり》と嬉《うれ》しみ尊《たふと》み。常夜《とこよ》照《て》る天伝《あまつた》ふ月夜見神《つきよみのかみ》の神光《みひかり》は、夜《よる》の守《まもり》と青人草《あをひとぐさ》を恵《めぐ》み撫《な》で愛《いつく》しみ賜《たま》ひ。殊《こと》更《さら》に厳《いづ》の御魂《みたま》天勝国勝国之大祖国常立尊《あまかつくにかつくにのおほみおやくにとこたちのみこと》は、天地初発之時《あめつちなりいでしとき》より独神成坐而隠身賜《すになりましてすみきりたま》ひ。玉留魂《たまつめむすび》の霊徳《みいづ》を以《もつ》て、海月如《くらげな》す漂《ただよ》へる国土《くに》を修理固成《つくりかため》て、大地球《くぬち》の水陸《うみくが》を分割《わか》ち賜《たま》ひ。豊雲野尊《とよくもぬのみこと》は足魂《たるむすび》の霊徳《みいづ》を以《もつ》て植物《きくさ》を生出《なりいで》、葦芽彦遅尊《あしがひこぢのみこと》は生魂《いくむすび》の霊徳《みいづ》を以《もつ》て動物《いけもの》を愛育《めでそだ》て。大戸地《おほとのぢ》（＝動力。）、大戸辺《おほとのべ》（＝静力。）、宇比地根《うひぢね》（＝解力。）、須比地根《すひぢね》（＝凝力。）、生枠《いくぐひ》（＝引力。）、角枠《つぬぐひ》（＝弛力。）、面足《おもたる》（＝合力。）、惶根《かしこね》（＝分力。）の全力《ちから》を以《もっ》て。万有一切《すべてのもの》に賦《くま》り与《あた》へ、天地《あめつち》の万霊《みたま》をして、惟神《かむながら》の大道《おほぢ》に依《よ》らしめ賜《たま》ひ。神伊邪那《かむいざな》岐尊《ぎのみこと》、神伊邪那美尊《かむいざなみのみこと》は。天津神《あまつかみ》の神勅《みこと》を畏《かしこ》み、天《あま》の瓊矛《ぬほこ》を採持《とりも》ち。豊葦原《とよあしはら》の千五百秋《ちいほあき》の水火国《みづほのくに》を。〈★細矛千足国《くはしほこちたるくに》、〉浦安国《うらやすくに》と、恂怜《うまら》に完全具足《つばら》に修理固成《つくりかため》し賜《たま》ひて。遠近《をちこち》の国《くに》の悉々《ことごと》、国魂《くにたま》の神《かみ》を生《う》み、産土《うぶすな》の神《かみ》を任《ま》け賜《たま》ひて。青人草《あをひとぐさ》（＝民衆。人間。）を親《した》しく守《まも》り賜《たま》ふ。其大御恵《そのおほみめぐみ》を仰《あふ》ぎ敬《ゐやま》ひ喜《よろこ》び奉《まつ》らくと白《まを》す。

○

現身《うつそみ》の世《よ》の習慣《ならひ》として。『枉津神《まがつかみ》の曲事《まがこと》に相交《あひまじ》こり、日《ひ》に夜《よ》に罪悪汚濁《つみけがれ》に沈《しづ》みて。現界《うつしよ》〈★にては現人神《あきつみかみ》と大八洲国知食《おおやしまくにしろしめ》す。天皇《すめらぎ》〉の制律《みのり》に罪《つみ》せられ。幽界《かくりよ》にては神《かみ》の政庁《みかど》の御神制《みさだめ》の随々《まにまに》、根《ね》の国底《くにそこ》の国《くに》に堕行《おちゆか》むとする蒼生《あをひとぐさ》の霊魂《みたま》を隣《あはれ》み賜《たま》ひて。伊都《いづ》の霊《みたま》、美《み》都《づ》の霊《みたま》の大神《おほかみ》は。綾《あや》に尊《たふと》き豊葦原《とよあしはら》の瑞穂《みづほ》の国《くに》〈★大日本国《おおやまとのくに》〉の真秀良場畳並《まほらばたたなは》る、青垣山《あをかきやま》籠《こも》れる下津岩根《したついはね》の高天原《たかあまはら》に、現世幽界《うつつかくりよ》の統治神《すべかみ》として現《あら》はれ給《たま》ひ。教親《をしへみおや》の命《みこと》の手《て》に依《よ》り口《くち》に依《よ》りて、惟神《かむながら》〈★皇道《かんながら》〉の大本《おほもと》を講《と》き明《あか》し。天《あめ》の下四方《したよも》の国《くに》を平《たひら》けく安《やす》らけく、豊《ゆた》けく治《をさ》め給《たま》はむとして。日毎夜毎《ひごとよごと》に漏《も》る事無《ことな》く遺《おつ》る事無《ことな》く。最懇切《いとねもごろ》に百姓万民《おほみたから》を教《をし》へ諭《さと》し賜《たま》ふ。神直日《かむなおひ》、大直日《おほなおひ》の深《ふか》き広《ひろ》き限《かぎ》り無《な》き大御恵《おほみめぐみ》を。嬉《うれ》しみ忝《かたじけ》なみ、恐《かし》み恐《かしこ》みも称辞竟《たたへごとを》へ奉《まつ》らくと白《まを》す。

祈《き》願《ぐわん》

天地初発之時《あめつちなりいでしとき》より。『隠身賜《すみきりたま》ひし国《くに》の太祖大国常立大神《おほみおやおほくにとこたちのおほかみ》の御前《みまへ》に白《まを》さく。天《あめ》の下四方《したよも》の国《くに》に生出《なりいで》し青人草等《あをひとぐさら》の身魂《みたま》に。天津神《あまつかみ》より授《さづ》け給《たま》へる直霊魂《なおひのみたま》をして。益々《ますます》光華明彩《ひかりうるは》至善至直《しき》伊都能売魂《いづのめのみたま》と成《な》さしめ賜《たま》へ。邂逅《わくらは》に過《あやま》ちて枉津神《まがつかみ》の為《ため》に汚《けが》し破《やぶ》らるる事《こと》なく。四魂五情《たまとこころ》の全《まつた》き活動《はたらき》に由《より》て大御神《おほみかみ》の天業《みわざ》に仕《つか》へ奉《まつ》るべく。〈★奉らしめ給へ。美しき誉《ほま》れ功勲《いさほし》をして月日と共に万世に伝へ〉忍耐勉強《よくたへしのび》以《もつ》て尊《たふと》き品位《しな》を保《たも》ち、玉《たま》の緒《を》の生命《いのち》長《なが》く。家門《いへかど》高《たか》く富栄《とみさか》えて、甘《うま》し天地《あめつち》の花《はな》と成《な》り光《ひかり》と成《な》り。大神《おほかみ》の神子《みこ》たる身《み》の本能《さが》を発《ひら》き揚《あげ》しめ賜《たま》へ。仰《あふ》ぎ願《ねが》はくは大御神《おほみかみ》の大御心《おほみこころ》に叶《かな》ひ奉《まつ》りて、身《み》にも心《こころ》にも罪悪《つみ》汚穢《けがれ》過失《あやまち》在《あ》らしめず。天授之《もとつ》至霊《みたま》を守《まも》らせ給《たま》へ、凡百《すべて》の事業《なりはひ》を為《な》すにも。大御神《おほみかみ》の恩頼《みたまのふゆ》を幸《さきは》へ給《たま》ひて、善事《よごと》正行《まさわざ》には○荒魂《あらみたま》の勇《いさ》みを振起《ふりおこ》し、倍々《ますます》向進《すすみ》発展《ひらき》完成《まつたき》の域《さかひ》に立到《たちいた》らしめ給《たま》へ。朝《あさ》な夕《ゆふ》な神祇《かみたち》を敬《ゐやま》ひ。誠《まこと》の道《みち》に違《たが》ふ事無《ことな》く、天地《あめつち》の御魂《みたま》たる〈★神皇陸下《おほぎみ》を尊《とうと》び。大詔勅《おほみことのり》に違《たが》ふ事無《ことな》く。神刕《みくに》の神民《たみ》たる〉義理責任《つとめ》を全《まつと》うし。普《あまね》く世《よ》の人《ひと》と親《した》しみ交《まじ》こり、人慾《わたくし》の為《ため》に争《あらそ》ふ事《こと》を恥《はぢ》らひ。○和魂《にぎみたま》の親《した》しみに由《より》て人々《ひとびと》を悪《にく》まず、改言改過《あやまちをくい》、悪言暴語《ののしること》無《な》く、善言美詞《みやび》の神嘉言《かむよごと》を以《もつ》て神人《かみがみ》を和《なご》め。天地《あめつち》に代《かは》るの勲功《いさをし》を堅磐《かきは》に常磐《ときは》に建《た》て。○幸魂《さちみたま》の愛深《めぐみふか》く。天地《あめつち》の間《うち》に生《いき》とし生《い》ける万物《もの》を損《そこな》ひ破《やぶ》る事無《ことな》く。○生成化育《かむながら》の大《おほ》道《みち》を畏《かしこ》み、○奇魂《くしみたま》の智《ひかり》に由《より》て。異端邪説《まがのをしへ》の真理《ことわり》に狂《くる》へる事《こと》を覚悟《さとる》可《べ》く。○直日《なほひ》の御霊《みたま》に由《より》て正邪理非直曲《ことのよしあし》を省《かへり》み。以《もつ》て真誠《まこと》の信仰《あななひ》を励《はげ》み、言霊《ことたま》の助《たすけ》に依《よ》りて大神《おほかみ》の御心《みこころ》を直覚《さと》り。鎮魂帰神《みたましづめ》の神術《みわざ》に由《より》て村肝《むらきも》の心《こころ》を練《ね》り鍛《きた》へしめ賜《たま》ひて。身《み》に触《ふる》る八十《やそ》の汚穢《けがれ》も心《こころ》に思《おも》ふ千々《ちぢ》の迷《まよひ》も。祓《はら》ひに祓《はら》ひ、退《やら》ひに退《やら》ひ、須弥仙《みせん》の神山《みやま》〈★富士《みせん》の神山《みやま》〉の静《しづ》けきが如《ごと》く。五十鈴川《わちがは》の流《ながれ》の清《きよ》きが如《ごと》く。動《うご》く事無《ことな》く変《かは》る事無《ことな》く。息長《おきなが》く偉大《たくまし》く在《あ》らしめ賜《たま》ひ。世《よ》の長人《ながひと》、世《よ》の遠人《とほひと》と健全《まめまめ》しく。〈★忠孝両全《まめまめしく》。〉親子《おやこ》夫婦《めをと》同胞《はらから》朋友《ともがき》相睦《あひむつ》びつつ。天《あめ》の下公共《したおほやけ》の為《ため》、美《うる》はしき人《ひと》の鏡《かがみ》として。太《いみ》じき功績《いさを》を顕《あら》はし、天地《すめかみ》の神子《みこ》と生《うま》れ出《いで》たる其本分《そのつとめ》を尽《つく》さしめ賜《たま》へ。総《すべて》の感謝《ゐやひ》と祈願《いのり》は千座《ちくら》の置戸《おきど》を負《おひ》て、玉垣《たまがき》の内津御国《うちつみくに》の秀津間《ほつま》の国《くに》の海《わだ》中《なか》の沓嶋神嶋《おもとうらと》の無人島《しまじま》に神退《かむやら》ひに退《やら》はれ。天津罪《あまつつみ》、国津罪《くにつつみ》、許々多久《ここたく》の罪科《つみ》を祓《はら》〈★償《あがな》〉ひ給《たま》ひし、現世幽界《うつしよかくりよ》の守神《まもりがみ》なる、国《くに》の御太祖国常立大神《おほみおやくにとこたちのおほかみ》、豊雲野大神《とよくもぬのおほかみ》。亦《また》伊都《いづ》の御魂《みたま》美都《みづ》の御魂《みたま》の御名《みな》に幸《さちは》へ給《たま》ひて聞食《きこしめ》し、相宇豆那比《あひうづなひ》給《たま》ひ。夜《よ》の守日《まもりひ》の守《まもり》に守幸《まもりさきは》へ給《たま》へと。鹿児自物《かごじもの》膝折伏《ひざをりふ》せ宇自物《うじもの》頸根《うなね》突抜《つきぬき》て。恐《かしこ》み恐《かしこ》みも祈願奉《こひのみまつ》らくと白《まを》す。

【附言】

○祝詞は主神への祈言、言霊《ことたま》です。出口聖師提唱の「宗教法人・愛善苑」の『善言美詞』では、現在「天津祝詞《あまつのりと》」「神言《かみごと》」（太祓祝詞）、そして「感謝祈願《みやびのことば》」を使用している。これらの祝詞は、戦前と戦後では内容が大きく相違する。戦前までは大日本帝国、万世一系の天皇により統治された国で、本章に挿入の★印は、いかに天皇中心であったかがよく判ります。それが日本の敗戦により、帝国時代が終焉し、主権在民の新しい時代を迎えます。旧祝詞に「細矛千足国」「現人神」の文言等が削除され、宇宙の造り主・主神の統治する、民主主義へと大きく立替られたことを意味する。そして「神仏無量寿経」に示される「瑞霊世を去りて後、聖道漸く滅せば、蒼生諂偽《てんぎ》にして、復《また》衆悪をなし、五痛五焼還りて前の法の如く久しきを経て、後転《うた》た激烈なるべし。悉く説く可からず。………」とある。

戦後七十年瑞霊の教は衰退し、世界情勢は複雑に大きく変化しつつある。『善言美詞』の祝詞を旧祝詞に変更し、再び「細矛千足国」の国体を目指すのか、「祭政一致」の言霊による愛善世界を目標とするのか、現代はまさに両刃の剣の分水嶺に立たされている。

○大本の中で昭和五十年六月に「神言事件」というのがあった。これは祝詞の中の

「すめみまのみこと」を復活し、旧祝詞に戻そうと印刷まで出来ていたものが中止となった。祝詞は教団の中では憲法に相応する。その根幹の変更は神観の変更を意味する。私達の身体に、心である魂が宿るのと同じように、教団という体の中に、主神の神霊が鎮座され「霊体一致」して「力」を発揮する。

宗教にはそれぞれの天国がある。この愛善、慈愛の霊界観がより清らかで、より豊かであるほど、高い天国が築かれる。個人から国、国から世界へ、そして大宇宙へと神は拡大する。

○天之御中主大神・高皇御産大神・神皇御産大神を「造化三神」と奉称するのも「霊・力・体」の神様で、これを三ツの御魂・瑞の御魂、そして言霊学上神素盞嗚大神と奉称する。天理王命・阿弥陀如来・聖観音・薬師瑠璃光如来……と奉称するとも同神異名で、宇宙の創造主は一柱のみ、「巻けば一神、開けば多神」、一神に初まり、多神の活動により宇宙は組織されている。

○「宇宙の本源は活動力にして即ち神なり」。

「善言美詞」の「感謝《みやび》」は、主神が愛善、慈愛の心をもって天地を創造される、「太初に道《ことば》あり、道《ことば》は神とともにあり道《ことば》は即ち神なり……万物これに由り造らる……」この言霊から万物が生れる。宇宙根源の神はス声に始まり、ウ声、ア声と七十五声から大虚空中に紫微圏層が完成され「幽の幽」の世界が造られ、それが霊界現界に投影される。
主神の「霊・力・体」、即ち高皇産霊神を霊素、神皇産霊神を体素と称して合体し、力（神霊源子、単に霊素・火素ともいう。相抱擁して精気発生す。この精気より電子生れ、発達して電気となり磁気磁力となり、万物活動の原動力となる。）が産出される。これが「三元八力」、即ち三元とは「剛・柔・流」をいう。剛体素を国常立尊・玉留魂《たまつめむすび》といい、水素はじめ鉱物・金・銀・銅・鉄、砂、土等の元素が産出される。柔体素を豊雲野尊《とよくもぬのみこと》・足魂《たるむすび》は、植物の根元（DNA）となる。また流体素は葦芽彦《あしがいひこじ》・生魂《いくむすび》は、水の流れ、動物の元（DNA）となる。

これらが八力即ち大戸地《おほとのぢ》（動力）＝大戸辺《おほとのべ》（静力）、宇比地根《うひぢね》（解力）＝須比《すひ》地根《ぢね》（凝力）、生枠《いくぐひ》（引力）＝角枠《つぬぐひ》（ゆるむ力）、面足《おもたる》（合力）＝惶根《かしこね》（分力）、これを科学では「四つの力」といい、この八力により万物、種々の物質が霊妙に産出される。

科学ではこの「霊・力・体」「三元八力」、所謂《いわゆる》ビックバンの始まりから現代まで、宇宙は一三五億年間成長をつづけ、なお成長している。

そして物質の元は原子であるが、原子には核（原子核）があり陽子、中性子、中間子に電子が吸収され構成される。その核を構成している原子の中に素粒子があり、相対性の破れにより質量が生れて来る。さらに原子は核融合により原子同志または異なる原子が結合して分子（水素、ヘリウム、酸素、二酸化炭素等）が作られる。分子から高分子（繊維、ゴム、プラスチック、絹、ポリエステル、スチロール等）、そこへ遺伝子（DNA、生体分子＝タンパク質、糖、ホルモン）が取り込まれて生物が生れる。

○「祈願」では主神には「一霊四魂」という「愛善信真」の「心」がある。この「一霊四魂」は荒魂、奇魂、和魂、幸魂に別れて一霊に統一される。主神と同じ「魂」「心」が我々人間に与えられているので、この「魂」を大きく育てながら神に代ってこの地球に天国を建設する、そして舎身活躍するのが私達人間の真の目的であると示されている。この魂を神霊、精霊、守護神ともいう。守護神には神様と同じ守護神を、本守護神と称して正守護神と副守護神に別れ、魂の働きは多岐にわたる。また五倫五情という感情が与えられ人としての豊かな人生が本来約束されている。科学と宗教の違い、そこには現界ばかりでなく正しい神観、霊界観、魂の存在を認めるか、認めないか。そしてこのわずかな違いが、人類に大きな影響を与えることになる。

〈新興宗教設立当時の概要〉

一、黒住教

本部・岡山市今村宮。

教祖・黒住宗忠。（安永九（1780）年～嘉永三（1850）年）

開教・文化十一（1814）年。

祭神・天照大御神、八百万神、教祖黒住宗忠神を奉斎。

沿革・戦前の神道十三派の一つ。神道系新宗教の草分け的存在。黒住宗忠は幕末の神道家で備前の国の神社の神職を務め、信仰心篤く、文化十一年病を患い回復の過程で太陽を呑み込み、神と合一するという神秘の体験をされる。これを「天命直《てんめいじき》授《じゅ》」と呼ばれ黒住教が開かれる。講釈は、その時々において自由自在にしゃべる「浮かびのままの説法」といわれる。弟子たちには武士階級も多く含まれ、幅広い知識層から入門者が増加し、教祖の死後六高弟と呼ばれる弟子たちを中心に、各地に教えが広められ、一説には幕末には十万人ほどの信者を擁したという。太陽信仰の一つで、日の出を拝むことから始まり、新宗教誕生の魁けとなる。宗忠の思想は当時の社会背景を考えると革新的な面を持つと評価されることが多い。

二、妙霊教

本部・兵庫県篠山市春日江。

教祖・山内勢位《なりもと》（利兵衛）。（文政元年（1818）～明治二十六（1893）年）

開教・文久元年（1861）。

祭神・天之御中主大神、高皇産霊大神、神皇産霊大神、天照大神。

沿革・山内勢位は若いころより胃腸が弱く、御歳十六歳の頃より病気を癒すために禅を行い、また各地の霊場を参拝、篤信《とくしん》の念厚く、文久元年御神意を受け、造化の神霊を仰ぎ「惟神の道」を説かれ「妙霊教会」を設立される。元治元年（1864）開祖はじめ十四名が「汝ら、妖術を以って人をくらます」として篠山藩に呼び出される等、四回にわたり教難を受け、明治六年には布教が禁止されるが「縄綯《なわめ》を恐れざる者なく、又死を恐れざる者無し」、とその信仰は揺るぐことなく、弾圧より苦節十年、明治十六年に公認される。

出口聖師は、明治三十一（1898）年の高熊山修業の後、造化三神を奉斎する亀岡町宮川の「妙霊教会」、船岡町の分教会などをしばし訪問され、神主と親しく宗教談話を交わされている。

三、金光教

本部・岡山県浅口市金光町大谷。

教祖・金光大神（川手文治郎・赤沢文治）。（文化十一（1814）年～明治十六

（1883）年）

開教・安政六（1859）年。

祭神・天地金乃神・生神金光大神。（当初は金神様と称していたが、金神の祟（艮の金神）より顕幽感通の域に進めるよう金光様と通称する。）

沿革・金光大神は備中の国の農家に生れ、相次ぐ災難や自らの病気という体験の過程で山岳宗教の影響を受けながら、天地金乃神と呼ばれる新しい信仰を確立。やがて後に「取次」と呼ばれる宗教活動に専念するようになる。明治末から大正にかけ教勢が伸びた。戦前の神道十三派の一つ。公称信者数四十四万人。

　大本開祖・出口なおは元信者で綾部の金光教会に属していたが後独立する。

四、天理教

本部・奈良県天理市。

教祖・中山みき。（寛政十九（1798）年～明治二十（1887）年）

開教・天保九（1838）年。

祭神・天理王命。（月日の神、親神様の御守護の御理に神名付けて、国常立尊、面足《をもたりの》尊《みこと》、国狭土尊《くにさづちのみこと》、月読尊、くもよみのみこと、惶根尊《かしこねのみこと》、たいしょく天のみこと、大戸辺尊《をふとのべのみこと》、伊邪那岐尊《いざなぎのみこと》、伊邪那美尊《いざなみのみこと》の十柱の神。）

沿革・明治から敗戦まで、最も規模の大きかった新宗教。戦前の神道十三派の一つ。天保九年十月二十六日中山みきが突然神がかり、これをもってみきが「神のやしろ」に定まったとして、立教の日とする。その後、安産の守護や、疱瘡などの病気なおしなどによって人が集まるようになり、布教は元治元年（1864）頃から本格化。明治八（1875）年「ぢば」を中山家内に定め、やがて「かんろだい」建設を急がせたが、官憲の圧迫により中断される。

　明治二十年みき昇天後、その魂はいつまでも存命のまま「元のやしき」である中山家に留まって守護すると信じられている。

明治二十一年「神道天理教会」として公認されてから、教勢は全国的に拡大されるが、明治政府の取締が続き二十九年、内務省から各府県警察機関に対していわゆる「秘密訓令」が発せられ、これと前後してマス・メディアによる「淫祠邪教」キャンペーンも盛んになっていった。こうして国家神道体制下における教義や儀礼の整理を余儀なくされ、天理教が一派独立するのは四十一年であった。だがこの時期から海外布教が始まり、大正末には飛躍的に教勢が倍加するが、政府の統制下にあり後退、敗戦後教祖の教に戻る「復元」という言葉の元に昭和二十九年「おやさとやかた」の建設が開始される。現在「甘露台」を中心に神苑八町四方に二十八棟の大建造物があり、完成すると六十八棟になると云われる。

みき教祖は官憲により十数回に渡り拘引され、厳しい弾圧拷問を受けるが、最晩年には組織の合法化をはかる教団幹部に対して、「世俗の権力より神の権威の優位を力説」し、決して神第一の信仰を曲げることはなかった。

五、大本教

本部・京都府綾部市梅松苑と、亀岡市天恩郷の二ケ所を本部とする。
開祖・出口なお。（天保七（1837）年～大正七（1918）年）
聖師・出口王仁三郎。（明治四（1871）年旧七月十二日～昭和二十三（1948）年一月十九日）
開教・出口なお明治二十五（1892）年旧正月元旦。出口王仁三郎は明治三十一（1898）年如月の九日、高熊山修業を以って開教とする。（『霊界物語』より。）
沿革（略）

六、鹽竈（塩釜）神社

宮城県塩釜市一森山に鎮座する。ご祭神は塩土老翁《しおつちのおきな》・武甕槌神《たけみかつちのかみ》・経津主神《ふつぬしのかみ》。塩釜神社は武甕槌神と経津主神が奥州を平定したときに、両神の道案内をした塩土老翁がこの地に留まり、人々に製塩を教えたことに始まると伝えられている。

『神典』に出てくる塩土老翁は、国常立尊のまたの名で、火遠理命（邇邇藝命の子供・天津日高日子穂穂手見命・山幸彦）を竜宮に案内する。火遠理命《ほおりのみこと》は大綿津見の娘・豊玉姫と出会い鵜萱草葺不合命《うがやふきあえずのみこと》が生まれ、神武天皇へと継承されてゆく。また「神武天皇東征の段」では「はたまた塩土老翁に聞きしに、曰《いは》く東に美国《よきくに》あり、青山四方《あおやまよも》に周《めぐ》れり」と倭への東征を薦める。（『龍宮物語』みいづ舎刊参照。）

七、御嶽信仰と御嶽教

御嶽信仰は木曽御嶽山を中心とする信仰で、講・教会などの組織が主な母体となり継承される山岳信仰。御嶽を古くは「王の御嶽」と称したことから平安時代の御嶽信仰との関係が窺われる。中世の古祭文や縁起類に、山内に熊野や大峰関係の諸神仏が祀られていたことが記され、また『新猿楽記』に立山や白山と並ぶ修験の道場として見えていることから、鎌倉期には熊野や吉野の影響を受けた地方の修験者によって「国峰」として信仰されていたといわれている。

祭祀の始まりは、一説に第九代・開化天皇（欠史八代の天皇）により命じられたという説もある。滋賀県北の伊吹山の麓に気長足一族が住み開化天皇、神功皇后との関係が深くこの説について否定出来ないものがあるように思われる。

○

「御嶽教」は戦前の神道十三派の一つで、御嶽信仰を基盤とし、明治初期の宗教行政の過程で教派として組織される。基本的には御岳山信仰を中心とする近世の講社的教団の発展的形態で、下山応助（生没年不詳）が維新後、御嶽信仰を結集する必要を感じて全国を遊説したことにより組織化が進んだ。応助は明治六年（1873）に代々講をもとに「御嶽教会」を設立。十三年には平山省斎《せいさい》の組織した「大成教会」に加わった。十五年に「大成教」（大本初期出口聖師は「祭式」をここから導入する。）が独立した直後、「神道御嶽派」として一派を独立、同年「御嶽教」となった。その後変遷し戦後二十三年に木曽に大教殿を建立。また三十九年に奈良市に大本部が設立され、現在「里の本部」が出来ている。

祭神・国常立尊・大己貴命・少彦名命を御嶽大神と総称し、八百万神を合わせて祀る。

あとがき

古代日本は「同殿同床」の「神の国」で、それも「法三章」という「霊・力・体」の教があるだけで愛善精神が豊であった。この時代を黄金時代という。

出口聖師によると、神代には国祖・国常立尊、伊邪那岐・伊邪那美尊も造化三神の先祖神を祭祀されていた。それが第九代・開花天皇まで続けられていたものが第十代・崇神天皇の御代に至り「同殿同床の制」を廃止し、日本の歴史を不知火の海に捨て唐《から》の制度を導入され、太多々根子（意富多多泥古命）に三輪山に祭祀を命じたのが、現在の神社形式の濫觴であるという。またこの時代から「男の弓弭《ゆはず》の調《みつぎ》、女の手末《たなすえ》の調《みつぎ》」という朝貢・租税制度が出来、それに反発する者が起り、四道将軍の武の派遣となる等外来思想が輸入され、日本文化と同化しながら発展する。一方人口が増加するに従い生存競争が激化し、現在の文明が出来てきたともいわれる。

この物質文明の競争の頂点が第二次世界大戦で、悪魔と悪魔の戦い、黄泉比良坂であった。しかし、戦後七十年を経て社会は大きく発展したが「祭政一致」「霊主体従」「愛善主義」「惟神の道」が忘れ去られて、再び「体主霊従」「力主体従」の世となる。政治、経済は「資本主義」を国是とする競争社会を作り出し、その結果様々な問題が噴出し、世界は深刻化している。

○

聖師は終戦の昭和二十年十二月十日より翌年一月六日まで、保養のため鳥取県吉岡温泉に逗留中、大阪の朝日新聞記者のインタビューを受け、その時の記事が三十日に「予言的中〝火の雨が降るぞよ〟新しき神道を説く出口王仁三郎翁」と題して報道された。これを「吉岡発言」と通称される。この新聞記事以外に語られた言葉が、同席の信者に

よりまとめられたものを「吉岡御啓示録」という。そこには

「……アメリカは腐っても鯛じゃ、とその膨大な軍事力を過信しとったら、アメリカが勝つと皆思っておるがなあ。今度は神様と○○との戦争じゃ。原子爆弾など神様の眼から見たら線香花火に等しい。だが、悪魔は今の爆弾の何千倍もある奴や、毒素弾、生物弾など最終兵器を作るので大三災はこれからだぜ、本当の火の雨じゃ。……。神様のお力はその最終兵器の何万倍、否無限である故、神様のご守護があれば、こんな物無効じゃ。何処に居ても救われる。兇徒界でさえ、火伏せの法というのがあって、火中を平気で歩いたりする。これは日本の行者や山伏《やまぶし》の専売特許ではなく、印度やマレーにもある。神様は言霊の力だけで一人でも多く、否世界中の人間を助けたいばかりに苦労なさっておられる。しかし、お筆先にも「やむを得ずの事が出来致すぞよ」とあるし、「おそしはやしはあるなれど、筆先に出した事は毛筋の横巾も間違いはないぞよ」とあ

る。「立替を指折り数え松虫の冬の霜先あわれなるかな」「立替を世人の事とな思いそ立替するは己がみたまぞ」との神歌もある。立替がいつ来ようとも人間はすべてに最善を尽しておかねばイカン。神様第一として、よく働き、少しでも神様にご苦労をかけん様にすべきじゃ。先ず自分の心を立替えて心に天国を形づくり、家に天国浄土をつくるため、努力するのが「行《ぎょう》」じゃ。「行」とは断食をして滝に打たれたり、逆立ちして山を登ったりする事が決して正しい「行」ではない。……毎日『大本神諭』と『霊界物語』を拝読して神様のお心を知るのが天国へ行く近道じゃ。」

○この秋は雨か嵐か知らねども、今日のつとめに田草取るなり

○白米は分析せずとも喰えるなり、身魂の糧なる信仰も同じ

と発言され、本書の『神諭』の続きとも考えられる。

○

また「軍備の縮小はよいが拡大はいかぬ」と指摘する。戦後七十年、兵器の性能は高度化し大戦時とは比較に成らず、出口聖師の提唱する教を「愛善の言霊」により拡大し世界を更生するより他に最善の道は見当らない。

物語第四十巻・第六章「仁愛の真相」では「何ほど理性が勝れていても、知識に達していても、知識では一切の衆生を済度《さいど》することは出来ない。これに反して神心、仏心は感情であるから、大慈悲心も起こり、同情心もよく働く。この慈悲心、同情心は、智者も学者も鳥獣に至るまで及ぼすことが出来る。これくらい偉大なものはない。ウラル教（＝体主霊従の物質主義。合理性、科学、生産性、利益などを優先する。利己主義、非調和、独善的存在。右手に剣、左手にコーランを持つ。）は理知を主とし、バラモン教（＝力主体従、権力、軍事力、経済力、学力、体力優先で、支配、命令、服従を強いる。右手に剣、左手にコーランを持つ。）は理性を主とする教だ。これだから如何《どう》しても一般人を救うことは出来ないのだ。三五教《あななひきょう》（＝霊主体従のみろくの教、瑞霊・神素盞鳴大神が設立。）は感情教であるから、一切万事無抵抗主義を採り、四海同胞、博愛慈悲の旗じるしを押し立て進むのであるから、草の片葉に至るまでその徳に懐《なつ》かぬものはない。今日のごとく、武力と学力との盛んな世の中に慈悲心のみをもって、道を拓いてゆこうとするのは、何だか薄弱な頼りないもののように思われるが、決してそうではない。最後の勝利はよき感情すなわち大慈悲心、同情心がトドメをさすものだ」と説かれている。

また三五教《あなないきょう》やバラモン教との区画はあれどその源を尋ねると、仁慈無限の五六七《みろく》神、誠の神は一柱であること。現界ばかりが永久の住かにあらず、業因の結果により天国に生れるもあり、幽界に落ちて無限の永苦を受けるもあり、言行心を一致させ神の御子たる職責を尽くすべし、と示される。

この他物語には、大中教、ウラナイ教がある。大中教とは、大を一の人と書く、一人を中心とするもので自国第一義の様なもの。またウラナイ教とはバラモン教、三五教の中間を捻り出した人造教で表ばかりで裏がない。絶対服従、主神が欠けた宗教の意。

大本及び天理教の『神諭』及び『お筆先』を「経《たて》」の教と称して、現界のことが説かれ、明治大正昭和の激動期には予言通り弱肉強食の世界となった。戦後は政治、経済戦争が起ると指摘されたように、世界は大きな危機に出会いながら平和が維持されて来た。出口聖師は、宗教の「宗」の字には「天地人一切を明らかにする」との意味があり、政治、経済、宗教、哲学、倫理、教育、芸術、科学、法律等一切を指導する。

宗教は時所位により生れたものでそれぞれに特色がある。科学は宇宙大に発達し神の領域に達しつつありますが、宗教は、古い因習や経典に囚われ、近代化への道が揺らいでいる感があります。

聖師は、神道、仏教、キリスト教の教を『霊界物語』に取入れ、「経《たて》」と「緯《よこ》」の教典を口述（＝著不作。仏典に神人は「三十三相八十種好」を保持するとあり、救世主の証の一つ、約束事。）され世界を相手に活躍されました。

世の中が如何に変るとも、絶対の神の権威には変りなく、宗教は主神（仏）に帰一し

「万教同根」の元に、世界全体向上のために、人々に平和と幸福を与えるのが目的です。それ故宗教は、智慧や学力ではなく魂（心）の内分を高めるための、祭（祭政一致）、教（天授の真理）、慣（天道、人道の常）、造（適宜の事務、それぞれの職業）の御教から、人生活動の源泉となり、活力となります。宗教を味わい、人生のために楽天・進展・清潔・統一という理想を実現せんとするのが「愛善の道」です。

各宗教宗派は民族、国境を超えて精神的道義的に、教の擦り合わせ等を行うと目的への共通点が沢山見えて来ます。

○第一版出版後『天理教祖の筆先と大本神諭』の資料が、村山浩樹氏より提供されましたので第二版より第二編として挿入致しました。また第三版に第二次大本事件の、「分離第七回公判調書」（昭和16年1月23日付）の「訂正文」を挿入しました。

平成二十七年八月二十五日　　みいづ舎編集　山口　勝人

出口王仁三郎　大本神諭と天理教神諭

発　行　　平成27年 9月30日　第1版
発　行　　令和 6年 3月 3日　第3版

著　者　　出口王仁三郎

編　集　　山口勝人

発　行　　みいづ舎

〒621-0855 京都府亀岡市中矢田町岸の上27-6
TEL 0771(21)2271　FAX 0771(21)2272
http://www.miidusha.jp/

ISBN978-4-908065-07-1 C0014

【復刻改訂版】

出口王仁三郎

皇道大本の信仰

みいづ舎編集

◉神は順序、スサノオ哲学の粋を集約！

昭和初期、世界に黎明を馳せた「皇道大本」の基本教学が簡明に説明される。皇道とは古い、だがその内容には真の神とは、人間とは、神と人、神と宇宙（科学）の関係、人生、宗教、諸教同根の真目的。天地出現前から現代社会に至る究極の原理説。そこには当時の人々が活気リン〳〵と活躍された愛善心が活写される必読の好著！

B六判／160頁／定価・本体1000円＋税

出口王仁三郎

皇典釈義

素盞嗚尊と近江の神々

◉確かにある

人類誕生のルーツと霊跡地！

琵琶湖《あめのまない》！スサノオとアマテラスの「誓約《うけい》」から

日本の歴史は始まった。大和民族必読の書！

神々は駿河の富士山、信州皆神山から近江の国に降臨になる。素盞嗚尊は、日枝の山を経綸の地と定めて原始、縄文、弥生、大和、中世に至る政治、農耕、文化の重要な役割を成す。皇典は古い、だが神話、宗教からいま歴史へと変わりつつある。

B六判／331頁／定価・本体2000円＋税